明治三年

欧州視察団周遊記

～新潟から会津・米沢への旅～

青柳正俊

歴史春秋社

はじめに

この本で紹介するのは、一八七〇（明治三）年の夏の初め、西洋人五名が企てた新潟から会津、米沢への旅の記録と、その旅にまつわるエピソードです。

明治三年。時は移ろっていました。戊辰戦争は終わりましたが、まだその傷跡が各地に残っていました。明治という新しい時代の始まり、といっても、戦争の敗者となった側の始まりはかなり辛《つら》いものでした。そうした時期に、この本に登場する五名は、新潟から会津へ、そして米沢を目指しました。ほとんど徒歩による、南東北をめぐる十六日間にわたる旅でした。旅した目的は彼らの仕事、あるいは商売に関する見聞を広めることが中心であったようですが、五名のあいだでは少しずつ旅への思いが異なっていたようでもあります。ほとんど知られていないことですが、そのような旅の記録が残っているのです。

旅をしたのは、当時新潟にいた領事や、新潟あるいは横浜に居留していた商人でした。出身国も職業も居留地も様々でした。この時期、そもそも横浜や神戸といった外国人居留地を遠く離れて旅する異国の人々はまだわずかしかいません。しかもこうした混成チームによる旅路となると、とても珍しいことでした。

その混成チームのなかの二人が残した記録には、戊辰戦争が終わって一年半ほどの時期の荒廃した町の様子が描かれています。農産物や鉱山の状況が詳しく記されています。また、五名がそれぞれの土地で出会った人たちの表情も綴られています。彼らは、道すがらの様子や出来事をどのように観察し、何に心を動かしたのでしょうか。旅のことを記した一人は冷静で言葉少なく、もう一人は陽気で多弁です。この本の前半である史料編では、その二つの記録を紹介します。

しかしこの旅への関心は、そのように彼らが直接伝えてくれたことだけにはとどまりません。国内外には、探してみればほかにもこの旅に関する記録が残っています。幾分断片的なものが多いのですが、そうした史料を紐解いていくと、旅にまつわるエピソードがいくつか浮かび上がってきます。旅には、何か隠された事情があるようにも思えてきます。少し怪しげな、そうした事情を、この本の後半の考察編で探ろうと思います。

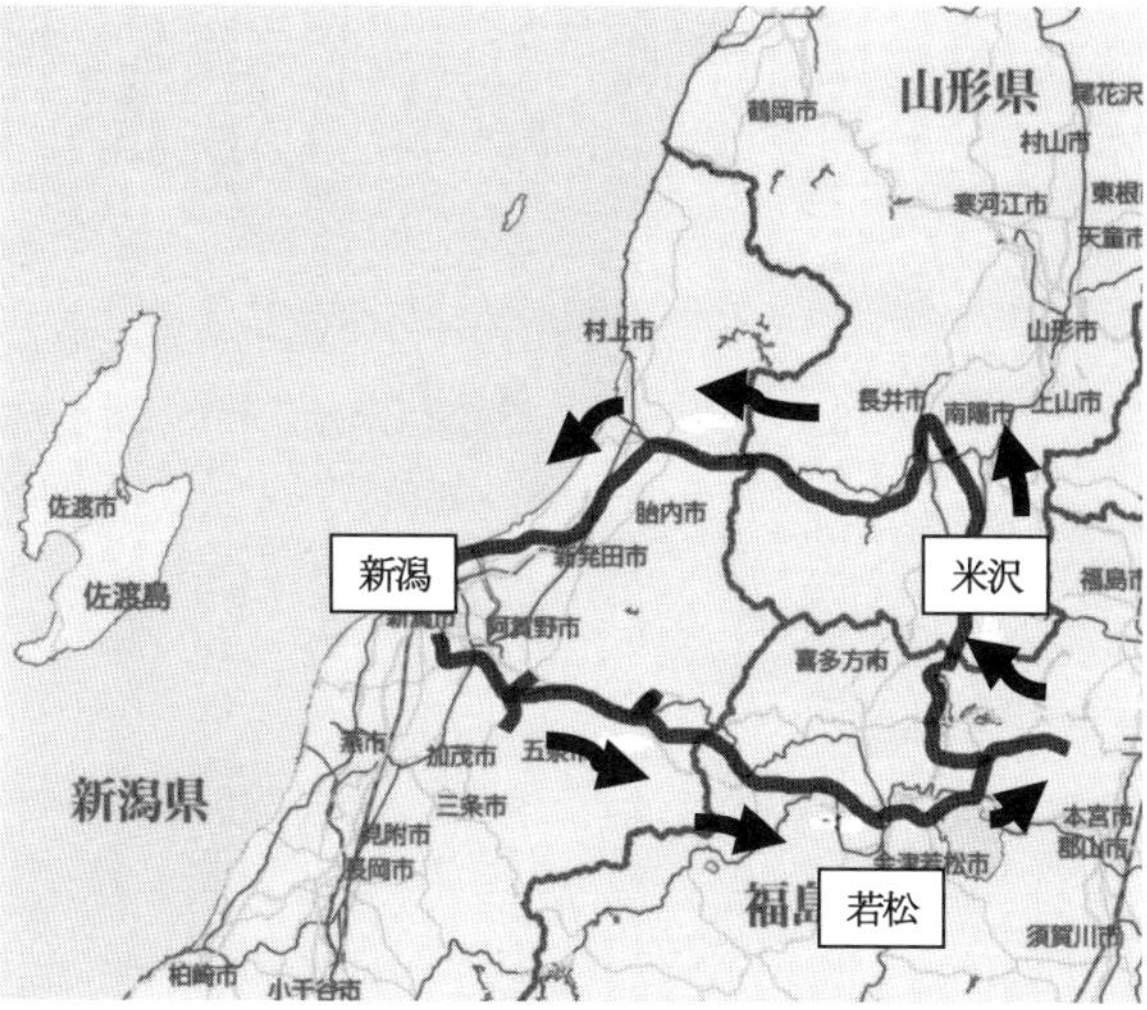

図１　明治三年、西洋人五名の旅程
1870年６月16日～７月１日（明治３年５月18日～６月３日）

前段として、少しだけ時代背景を確認しておきましょう。

新潟港は、前の年、一八六九（明治二）年の初めに外国貿易に開かれました。翌七〇年、二年目を迎えた港では、冬が明けた四月から順調に外国船が入港し始めていました。居留商人らが待ち望んでいた貿易シーズンが始まったのです。

しかしその一方で、開港後も港施設の整備は遅々たるものでした。もともと新潟港は信濃川の河口に開けた港で水深が浅く、しかも荒天の際の適当な停泊地もありませんでした。港に入る外国船の貨物をいったん積み替えて陸揚げするために必要な小船の手配も不十分でした。諸外国との協議で補助港として利用に供することが定められていた佐渡夷港（両津港）は、未だ整備が手つかずでした。

経済政策自体も混乱していました。七〇年四月、越後内の米不足を理由に新潟港から国内外への米穀積み出しが禁じられましたが、禁輸はひと月も経たぬうちに解除されました。また、この年の初め、明治新政府は通商司という官庁の新潟支署を設けましたが、そこから打ち出された施策は、この年の新潟港の商取引を混乱させていました。一時は港の機能が完全に麻痺してしまうほどでした。

こうしたなか、一度は新潟に居留した外国商人たちの多くは、この地に商機を見出すのをあきらめ、早々に去っていこうとしていました。開港場・新潟はすでに大きな分岐点に差し掛かっていたのです。

戦争後の行政一般の混乱もまだ続いていました。新政府直轄地の名称は越後府・新潟府・新潟県と変遷し、支配の実態も目まぐるしく変わっていました。六九年九

表1　明治三年、西洋人五名の旅程

	西暦 1870年	旅　　程	宿泊地	主な訪問地と出来事	旧暦 明治3年
1	6月　16日	新潟～新津	新津		5月　18日
2	〃　17日	新津～五泉	五泉	草水（石油）、新保（養蚕）	〃　19日
3	〃　18日	五泉～村松～五泉	五泉	柄沢（炭鉱）、村松（茶）	〃　20日
4	〃　19日	五泉～津川	津川	途中で漆など	〃　21日
5	〃　20日	津川～草倉～津川	津川	草倉銅山	〃　22日
6	〃　21日	津川～野沢	野沢	途中で旧会津藩の一行と出会う	〃　23日
7	〃　22日	野沢～若松	若松	荒廃した若松の様子	〃　24日
8	〃　23日	若松	若松	知事との面会、若松町の様子	〃　25日
9	〃　24日	若松～猪苗代	猪苗代	石ヶ森金山	〃　26日
10	〃　25日	猪苗代～沼尻～猪苗代	猪苗代	沼尻（硫黄泉）	〃　27日
11	〃　26日	猪苗代～大塩	大塩	大塩（塩）	〃　28日
12	〃　27日	大塩～米沢	米沢	米沢（養蚕）	〃　29日
13	〃　28日	米沢～小出	小出	小出（養蚕）	〃　30日
14	〃　29日	小出～市野々	市野々		6月　1日
15	〃　30日	市野野～中条	中条		〃　2日
16	7月　1日	中条～新潟			〃　3日

月（明治二年七月）には、新たに設置された水原県が新潟港を管轄することになったのですが、翌七〇年四月（明治三年三月）、つまりこの旅行の直前の時点で再び新潟県が設置され、開港を擁する新潟の町がようやく行政の中心となったのでした。

さて、旅先の情勢はどうだったのでしょう。

会津では、六八年十一月（明治元年九月）の降伏の後、民政局による支配を経て新政府直轄による若松県が成立し、混乱期の行政にあたっていました。七〇年初め、斗南での藩の再興が許され、まもなく、会津内外で謹慎していた会津藩士とその家族は遥か北方への移住を開始しました。

また米沢藩は、戊辰戦争の最終段階で明治新政府側に帰順した後、減封に甘んじつつ藩政を維持していました。

この旅は、そうした頃のことでした。

目次

史料編——旅の二つの記録

史料編ではトゥループとウェーバーの旅行記録そのものを紹介する。トゥループは英語原文から、ウェーバーはドイツ語原文から、それぞれ日本語に訳した。以下の点だけ注記しておく。

・トゥループの調査報告書では、原文の各日の最初に日付が記されているが、訳文中の日付の後にある「第〇日」という記載は訳者が補足した。

・ウェーバーの紀行文には、各日の最初に日付等の記載はない。訳文中の小標題（例えば「（六月十六日：第一日、新潟から大野を経由して新津へ）」）は訳者が参考として付け加えた。

・両方の旅行記録において、文中の括弧書き（　）は原文でも括弧書きされている。一方、文中の〔　〕は訳者による補足注記である。

史料一　トゥループの調査報告書

「越後東部、岩代、及び羽前への十六日間に及ぶ旅行に関する報告」

イギリスの外交官ジェームズ・トゥループ（James Troup）は一八四〇年生まれ。一八六三年八月に日本語通訳生として採用され、江戸や横浜での勤務を経て、六九年八月、新潟で二代目のイギリス領事として赴任した。正式な職名は領事代理である。

トゥループの名前は新潟に残る史料に散見される。職業外交官として、自身は商業活動に携わることはないが、新潟港における諸外国の貿易上の利害を代表して日本側とたびたび折衝した。同時に、新潟に外国貿易地としての発展の可能性を認め、自国公使館や日本政府に対して港の改善策をしばしば提言してもいた。

トゥループはこの会津・米沢への旅をはさんで七一（明治四）年九月までの二年余を新潟で過ごした。また、七六（明治九）年七月から翌七七（明治十）年十月まで、副領事として再び新潟に赴任した。イギリス外交官として最も長く新潟に駐在した人物である。その後は長崎、神戸の領事、横浜の総領事を歴任した。

Notes on a Sixteen Days' Tour through the Eastern Parts of the Province of Echigo, and the Provinces of Iwashiro and Uzen: June 16 to July 1, 1870.

June 16.—LEFT Niigata in the morning, passing the towns of Ono, Sakaya, and Kosūto, and arrived in Niitsu in the evening. Observed that the planting out of the rice in the rice-fields had mostly been completed in the localities passed through.

June 17.—Left Niitsu in the morning; visited the fire-well at Garameki and the petroleum-wells at Kusodzu (descriptions of which have been formerly given). Found the working of the petroleum is still carried on in the same ineffectual manner as last year. Passing through the village of Sambouki, and some others, arrived early in the afternoon at Gosen. The same day visited the village of Shimbo, on the other side of the Aga-no-kawa, which is the most important seat of the silk culture in the neighbourhood. The worms had not yet formed cocoons, but were pronounced by the gentlemen engaged in the silk trade who accompanied me, to be very fine and regular. They were said to be all annuals. The intention appeared to be to make seed rather than silk. Silk culture is

図2　トゥループの調査報告書（原文の冒頭部分）
（英国外交資料集より、University Publications of America）

トゥループのこの調査報告は、旅から戻った約二週間後の七月十三日、新潟から東京の公使ハリー・パークスに宛てて送られた。さらにイギリス本国へも回付され、イギリス議会にも提出された。

越後東部、岩代、及び羽前への十六日間に及ぶ旅行に関する報告

私は先般、越後東部、岩代及び羽前の一部を旅行し、これらの地域の資源について調査しました。この調査旅行は、当地のオランダ副領事及びほか三名の紳士と一緒でした。ここにその旅行日誌をお送りします。調査したのは、新潟港を積み出し港とすることがごく自然な地域ですが、この日誌は、そこでの産物のいくつかに関する興味深い報告になっているものと考えます。私たち一行がたどった経路を示したスケッチも添付します。

この旅行で私たち一行は、特に若松直轄県の知県事や官員、津川局、及び米沢の知藩事とその官員から親切かつ丁重なもてなしを受けました。このことを特に閣下にお伝えいたします。

一八七〇年七月十三日、新潟にて

領事代理 ジェームズ・トゥループ

パークス公使へ

六月十六日（第一日）

朝、新潟を出発し、大野、酒屋、小須戸《こすど》の各町を通り、夕方、新津に着いた。途中に通った道すがら眺めた水田では、すでに田植えがほぼ終わっていた。

六月十七日（第二日）

朝、新津を出発し、柄目木《がらめき》の火井〔ガス井〕及び草水《くそおず》の油井を訪問した（これらについては、すでに報告済みである）。石油の採取はまだ昨年と同じく非効率なやり方で行われていた。三本木ほかの村々を通り、午後早い時刻に五泉に着いた。その日のうちに阿賀野川の対岸にある新保村を訪れた。ここは近隣地域における養蚕の中心地である。蚕はまだ繭を作っていなかったが、蚕糸の取引に携わっている私たちの同行者の判断によれば、品質は良好でばらつきが少なかった。これらの蚕はすべて一化性〔年に一回孵化する蚕〕とのことである。生糸よりも蚕種《さんたね》づくりのためのものらしい。養蚕はこの地域一帯で広く営まれている。三本木あたりではアブラナ、煙草などが栽培されており、五泉付近ではわずかだが茶栽培も行われている。新津から五泉、新保にかけての地域のどこでも大麦や小麦を見かけたが、今年初めの悪天候のせいで品質も発育もあまり良くない。

六月十八日（第三日）

柄沢にあるかつての炭鉱を訪れた。坑道は頂上からわずか三十フィートほど下の山腹から水平に掘られた狭い穴で、泥板岩が数ヤードだけ掘削されている。掘り進んではみたものの採算性がないとみなされたのか、この坑道は現在使われていない。木々の美しい丘陵の麓に沿った道を来迎寺へと進み、一般に川地谷と呼ばれる地域の鉛鉱場の所有者の家を訪問した。鉱石の標本とそこから製錬した鉛を見せてもらったが、品質は良好なようだ。現在は労賃がとても高く、採鉱しても利益が上がらないとのことだった。この地域では銅も見つかっているとのことである。川地谷から村松のあいだに大きな茶畑があった。村松では茶を焙煎する様子を見せてもらった。そのなかには非常に良質と認められる茶もあった。この地の茶栽培は今後さらに拡張されるようである。

六月十九日（第四日）

五泉を早朝に発ち、谷沢などの村々を通って、夕方には津川に到着した。道の途中では良質の麻をしばしば見かけ、また漆木がたくさんあった。津川で聞いたところでは、ここでは漆木は木蝋を採るために用い、漆液を採ることは禁じられているとのことである。

漆液を採取するには若木のうちに幹の表皮を切り込むことになるため、漆木は大きくなる前に枯れてしまい、その後はその木から漆も木蝋もほとんど生産できなくなる。これが禁止の理由らしい。一方、米沢では漆液の採取が認められており、その結果として木蝋はほとんど生産されていない。津川付近ではたくさんの木々が折れたり倒れたりしているのが観察された。厳しかった昨冬のせいであろう。また、道すがら石灰岩、花崗岩、それにおそらくは大理石といった有用な岩石が観察された。渓谷の景色、とりわけ谷沢より上流の景色は無類の美しさである。

夕方、当地の役所の官員たちが私たちの宿舎を訪ねてきた。

六月二十日(第五日)

ここに着いた際に、近辺の鉱山をいくつか訪れたいという意向を伝えておいたことから、当地の役所は親切にも鉱山の責任者であるオガワ氏を派遣してくれた。そして、津川から六、七マイルほど離れたところにある草倉という重要な銅山に案内してくれた。この銅山は、かつて会津藩主の所領だった時には採掘されていたものの、内戦のあいだ操業が中断されていたのだが、現地に着いてみるとすでに操業が再開されていることがわかった。まず鉱坑を観察した。山腹を削ったごく狭い坑道がいくつもあったが、これらは単に鉱石を採り出した後の穴だった。ところによっては狭くて体格の大きな大人が通り抜けられない箇所もあったが、そこ以外はもっとずっと広かった。坑道への入口は現在四つあり、そのうち三つは同じ垂直線上の違った高さにあった。一番上の坑口が最初に開削され、そのすぐ下の坑口はもともと水抜きとして掘られたものだが、今は主要な坑口になっていた。さらに最近になって一番下の坑口が同じように水抜きのために開削された。

坑道に大量の水がたまることが鉱山操業の大きな障害となっているようであった。今のところ、この水のために一番下の坑口よりさらに低い位置のところでは採鉱が行えない。鉱山ではポンプは使用されていなかった。もっとも、ポンプがないとしても、この鉱山は谷よりずっと高い位置にあるのでサイフォンの利用が有効かもしれない、と述べたのだが、知識のかなり豊富なこの鉱山の責任者がサイフォンの原理について全く知らないのには驚いた。最近になって鉱石を破砕するために火薬を使用するようになった。現在、横坑道が九つあるが、これらはすでに述べた坑口のいずれかから延びていて、それぞれ行き来ができるようになっていた。採掘される鉱石は非常に良質で、おそらく鉱業関係者が「むだのない鉱石」と呼んでいるものである。こうした鉱石をまず少年たちが掘り出して、籠に入れて運び出し、山を下った麓のところで製錬を行う。製錬では、まず金槌で砕石し篩《ふるい》を使って洗った後、薪を使って土窯で溶解する。これらの工程はすべて人力が使われていた。付近にある川の水流を利用すれば、すぐに容易になる工程があるかもしれないのだが、人力以外は使っていない。こうして最終的に板状にされた銅はまだ純度がかなり低いので、新潟でこの銅の試売品が外国人向けに売り出されているものの、これを買い付けようとする者はまだいないようだ。鉱山には現在、大人の男女や少年など約二百名が雇われていた。鉱山は、現状でも鉱石が豊富で十分な生産力を有している。しかしながら、採掘と製錬の方法を改善しない限り、会津で最も重要なこの銅山の経営から大きな利益が望めないことは明らかである。

私が入手した略図を二つ、すなわち全体の概観図、及び鉱山の断面図のようなものを添付する。この鉱山の操業状況を知る手助けとなるかもしれない。

銅山から下った川の向こう側の尾根の脇には、未採掘の石炭の薄層が表面に浮き出ている。その石炭の標本を見せてもらったが、良質の瀝青炭《れきせいたん》のようだ。その同じ尾根を津川方面に少し下ったところに、ここより小さいもう一つの銅山があった。

石炭は、津川の町から一マイル少し離れた別の地域でも見つかっている。

当地の役所において、近隣の別の場所から採取した銅及び金の鉱石標本を見せてもらった。
当地の行政を管轄しているのは若松県の一つの支局である。その官員からきわめ

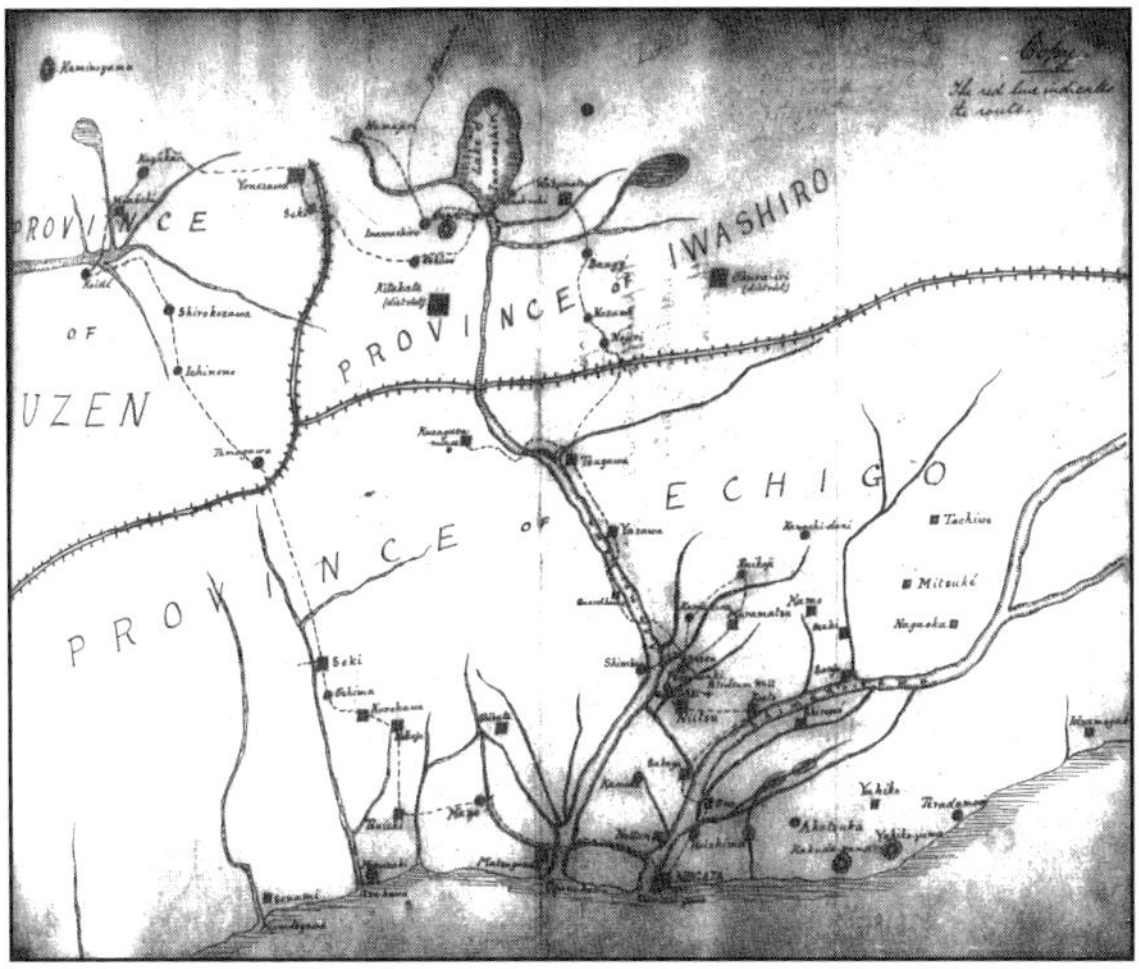

図３　トゥループ調査報告書に添付された旅程スケッチ
（イギリス国立公文書館所蔵）

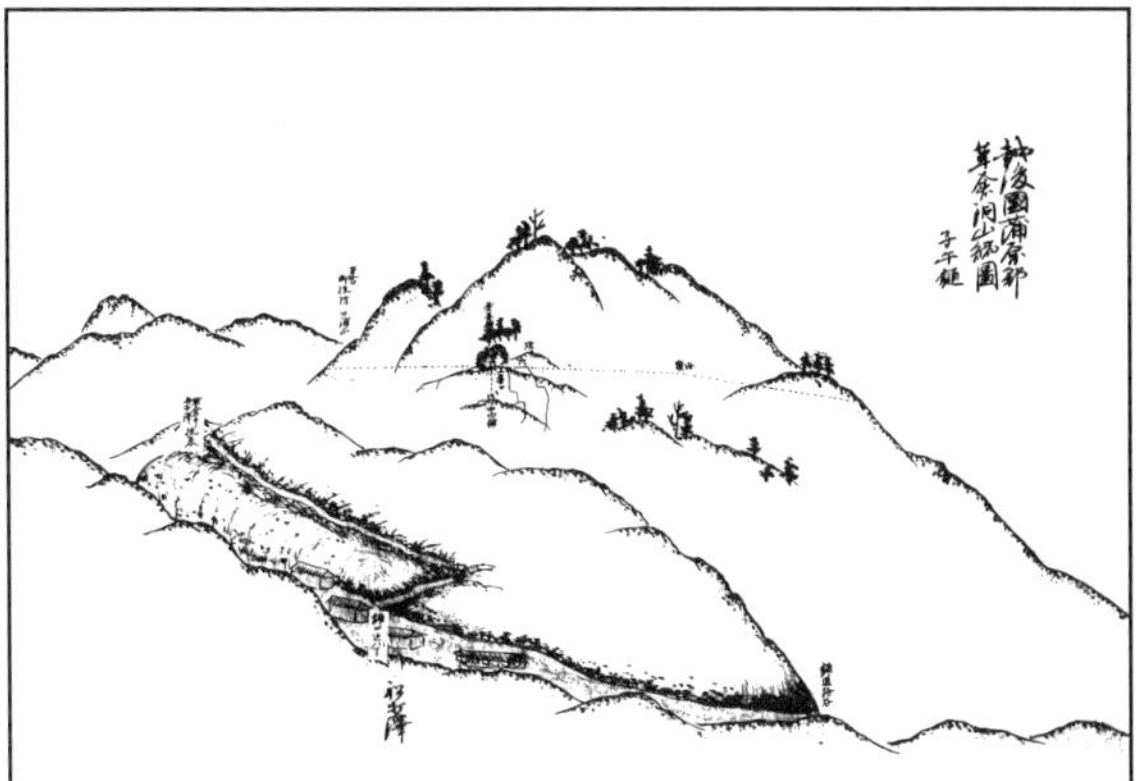

図４　トゥループ調査報告書に添付された草倉銅山の絵図
（イギリス国立公文書館所蔵）

て懇切かつ配慮ある応援を受けたことから、当地での滞在は実に気持ちのよいものとなった。

六月二十一日（第六日）

津川から野沢へと進んだ。途中の下野尻で、近くの銀山から採った銀鉱石を見せてもらった。数日前、この鉱山の総責任者でもある若松県の山本大参事が、内戦以来閉鎖されているこの鉱山の視察のために訪れたとのことだった。私はこのあと若松で山本大参事と会ったが、その際に大参事は、早い時期にこの鉱山の操業を再開するつもりであると述べていた。道すがら様々なところで白や緑や赤などの砂岩でできた岩山も見てとることができた。

この日とその翌日、特に目を引いたのは、途中で出くわした男や女、子どもからなる大勢の家族たちだった。一行には特に女と子どもが多く、この会津を離れて海岸方面へと向かう途中だった。一行は会津藩士に連なる人々で、故郷を離れて、この藩に新たに与えられたはるか北の領地へ船で向かうところだということを知った。

一行に女と子が多いのは、男たちは内陸を通って新しい領地に赴くためでもあるのだそうだ。一行のなかの男は老人が多い。武器を保持することは許された様子であり、刀のほかにライフル銃を携えている者もいた。この奇妙な光景にはたびたび出くわした。刀を携えている女もかなりいた。

六月二十二日（第七日）

朝早く野沢を出発し、午後若松に着いた。途中の軽井沢《カルニサワ》と束松山《たばねまつやま》では、石炭が露出しているのが観察できた。若松に到着後、知事に書状を出して私とオランダ副領事の訪問をいつ受けてもらえるか尋ねたところ、明朝お会いしたい、との返答だった。

六月二十三日（第八日）

若松城内にいる知事を訪問した。知事であり、この城の管理者でもある四条隆平《しじょうたかとし》本人と、山本大参事、そのほかの県幹部らは、気さくに温かく迎えてくれた。話題は一般的なことのほか経済にも及んだが、知事らは特にこの地方の資源開発に関心を示した。しばらく歓談した後、私たちは別れのあいさつをした。知事は、いつかまた若松でお会いしたい、と述べた。午後は城を見学した。城は戦争でかなりの被害を受けていた。その城を取り壊して、城内に知事邸や県庁の執務室などを含めた官庁を新たに設けよう、という意向だった。主要な石垣や堀を除き、前藩主がかつて居住したこの城の建物はすべて焼けてしまった。まだ残っている崩れた土塁や石壁の跡や、銃弾や砲弾が打ち抜いた穴のある本丸内の天守閣は、ここで繰り広げられた戦いの激しさを物語っていた。これとは別に、すでに始められている建設工事のために、戦争時に火砲を運んでいた運搬車が今や材木運搬のために使われている光景にも出会った。

かつての行政区域の向こうにはまだ町がある。ここもまた戦争で焼けてしまったものの、おそらくかつてと同じ形ではないにせよ、大部分が再建されつつあるところだった。戦争による惨禍は実に甚大であったに違いない。多くの者は文字どおりすべての所有物を失ったのだ。こうした惨禍こそがこの地域の昨年の貿易不振の原因だったに違いない。

知事は私たちに、この地域の製造品のうち漆器と銅器を見せてくれた。町の最も重要な産業としては、これらに人参の栽培と蝋燭製造が加わるようである。広い会津盆地で見かけた主な作物は、小麦、大麦、稲といった普通のものであった。

六月二十四日（第九日）

早朝に若松を発ち、会津盆地と猪苗代湖とを隔てる丘陵地を越えた。カニヨサンと呼ばれている丘陵にある、山あいのかつての金山を訪れた。破砕されて洗われた岩石が金鉱の存在を示していたが、それが豊富に存在するとの確証は得られなかった。

猪苗代湖からは阿賀野川が流れ出ているが、この川の流量はすでに相当なものだ。その湖の岸に沿って進み、午後には猪苗代町に、正確には本町に着いた。この地域では養蚕がいくらか営まれていた。

六月二十五日（第十日）

沼尻の硫黄泉を訪れた。猪苗代から沼尻まではやや険しい山道である。源泉はいくつかあってそれぞれが山腹の違った場所から湧き出て、さらに一つの流れとなっている。この流れはきわめて珍しい現象であり、世界中ほかでは出会うことができないものだ。まさに熱い硫黄の川である。流れの幅は二、三ヤードほどと思われるが、岩盤の上を流れていくので、場所によってはもっと広くなっている。いくつかの源泉のすぐ下には黄色の土が大量に堆積しているが、主要な流れのところでは堆積物がそれより緑に近い色に染まっている。源泉の数マイル下の場所では、この流れがほかの水流と合流してはいるものの、そこでもまだ硫黄の臭いと硫黄の水の味がする。

この谷あいの傾斜地には、広々とした素晴らしい自然の放牧地がある。道の脇で三頭の牛が食んでいた。人が手をまったくかけずに、この広い牧草地に放っているようだが、しかし、牛は数頭の単位ではなく数百頭の単位でいておかしくないはずである。牧草が豊富なこの高地が牛や羊の放牧地としてふさわしくないわけがない。

六月二十六日（第十一日）

猪苗代から、磐梯山を迂回するようにして湖と山のあいだにある麓の道を通り、大塩へと進んだ。大塩には、いくらか熱を帯びた塩が湧き出ている場所が二か所ある。ここでは塩が生産されているのである。塩は、薪火の上に置いた鉄板で塩水を蒸発させる、という単純な方法で生産されている。このようにして作られた塩は、普通の日本の塩よりも白く、むしろイギリスの食卓塩の色に非常に近い。しかし塩の生産に使われる塩水はわずかのみで、ほとんどの塩水はそのまま近くの川に流れ込んでいる。そうした谷あいではどこも養蚕が行われている。また、大塩の付近では木工品の製造も行われている。

六月二十七日（第十二日）

大塩を発ち米沢に向かった。ブナ、トチ、ナラなどの美しい森林地帯を通った。ブナが最も美しく、たくさん見かけた。岩代を離れるにあたって、知事の厚意でここまで同行してくれた官員は、米沢との境界に最も近い番所で我々に別れを告げた。両地域の境となる峠では、内戦の際に急ごしらえされた土塁が崩れつつあるのを見た。米沢側の最初の番所に着くや米沢の役人が迎えてくれ、町の宿舎まで案内してくれた。米沢盆地には、桑の木はもちろんのこと、稲、小麦、大麦、漆、人参、麻などが豊富に栽培されている。

宿舎に着くと、やがて二人の役人が訪ねてきて、知藩事からのあいさつの言葉を伝え、こうした場合の慣例である土産物を差し出した。米沢に滞在しているあいだ、我々に示された配慮はとても丁重で好意的なものだった。このことは明記しておきたい。知藩事が派遣した役人六名が、私たちが三十日に領外に去るまで同行してくれたほか、道中でも様々な心遣いが私たちに示された。

新潟に戻ってからも米沢と津川から役人が私を訪ねてきたことも、敢えてここで付け加えておきたい。ともに、外国貿易を念頭に置いて自国領内の資源開発を熱望していることは明らかである。

六月二十八日（第十三日）

米沢を早くに発ち、宮内などの町や村を通って、午後には小出に着いた。米沢は、町自体は大きいが家並みはさほど立派ではなく、人々の暮らし向きも村々とさほど変わりがないようである。村々では主に養蚕で住民が暮らしを立てており、とても快適で整然とした雰囲気がある。比較的大きな市場町である小出は、養蚕の中心地の一つである。今年の米沢の蚕は、全般的には品質は良好だが、数量はあまり十分でないとのことであった。ちょうど蚕が繭を作っている頃であった。ここでもまた、生糸ではなくむしろ蚕種の生産に力を入れているようだった。

我々はここで、詐欺行為としか表現しようがないやり方を目撃した。米沢の蚕種は上質という評判があることから、今年上州ですでに作られた繭を小出に運び込み、ここで孵化させて産卵を行わせていたのだ。こうして、これらは米沢産の蚕種として市場に出されるのだろう。これらの卵を産みつけさせる前の、米沢産と書かれた台紙を見せてもらった。このような取引に関わっている関係者たちは、こうしたやり方で金が稼げるなら蚕種の評判などあまり気にかけていない様子である。

私たち一行のなかに糸繰り機を是非見たいという者がいたことから、まだその時期ではなかったが繭糸の糸繰りを行う様子を見学させてもらった。その糸繰り機はきわめて粗末なものである。米沢生糸の挽き方が評判を落とさずに済んでいるのは、もっぱら女工たちの優れた技術のおかげだと言える。ここでは信州などでよく使われている糸繰り機を最近になって導入したものの、使い方に慣れていないため広く用いられてはいなかった。

六月二十九日（第十四日）

小出から市野々へ向かった。途中の地域では特に関心を惹くものはなかった。

六月三十日（第十五日）

至急新潟に戻るように、との知らせを二十九日夕方に受け取り、私たち一行は関、黒川、中条、真野を通って、七月一日の夜、新潟に帰着した。市野々と小国のあいだで石炭の存在を示すものが観察された。山々には木材として使えるかなりの量の樹木がある。関の近くで小さな硫黄泉に立ち寄った。そこからは、越後平野の広々とした小麦や大麦や稲の栽培地域のなかに延びる道であった。真野から新潟までは舟に乗った。

私たち一行は、こうして新潟を十六日のあいだ離れ、おそらく二百九十マイル以上となる距離を旅行したのである。

史料二——ウェーバーの紀行文

「日本での聖霊降臨祭の旅——日本に在住するアルトナ出身者による——」

アルトゥール・リヒャルト・ウェーバー（Arthur Richard Weber）は、一八四一年、ドイツ北部の町アルトナ（現在はハンブルクの一地区）で生まれた。紀行文を書いた時点では二十八歳。来日前はハンブルクやアムステルダム、ロンドンで茶取引など貿易商人としての修業を積んだ。六三年、ドイツ系商社であるクニフラー商会の社員として来日し、長崎、横浜で貿易業に従事した。そして六九年初め、独立して新潟に来た。

ウェーバーは、新潟が正式に開港した後、最初にこの地に居留した外国商人である。ほかのほとんどの外国商人が新潟港を去った七一（明治四）年以降もこの地で貿易活動を続け、七六（明治九）年秋頃、故国ドイツへ去っていった。その後は生涯をドイツで過ごした。

ウェーバーの紀行文は、彼の故郷の「アルトナ新聞」に、七〇年十一月二十日から十二月十六日まで断続的に十回にわたって掲載された。執筆の具体的な意図や新聞掲載の経緯などは不明である。国際電信が開設されていない当時、日本からヨーロッパへの船便（郵便）は優に一か月半を要したこと

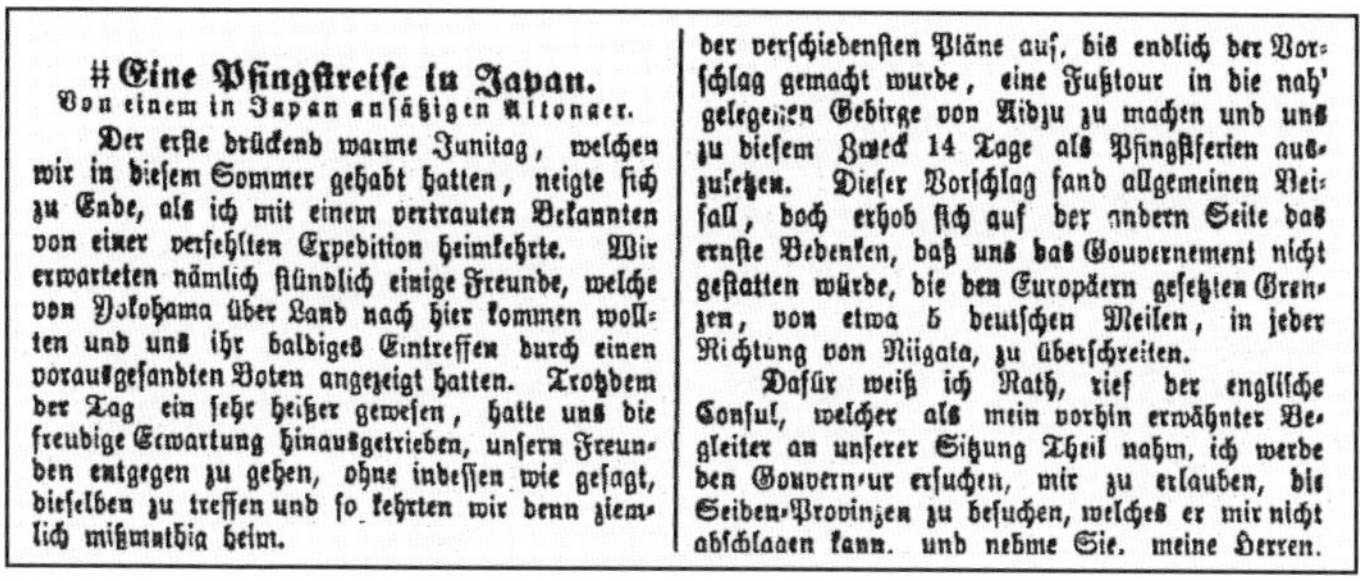

Eine Pfingstreise in Japan.

Von einem in Japan ansäßigen Altonaer.

Der erste drückend warme Junitag, welchen wir in diesem Sommer gehabt hatten, neigte sich zu Ende, als ich mit einem vertrauten Bekannten von einer verfehlten Expedition heimkehrte. Wir erwarteten nämlich stündlich einige Freunde, welche von Yokohama über Land nach hier kommen wollten und uns ihr baldiges Eintreffen durch einen vorausgesandten Boten angezeigt hatten. Trotzdem der Tag ein sehr heißer gewesen, hatte uns die freudige Erwartung hinausgetrieben, unsern Freunden entgegen zu gehen, ohne indessen wie gesagt, dieselben zu treffen und so kehrten wir denn ziemlich mißmuthig heim.

der verschiedensten Pläne auf, bis endlich der Vorschlag gemacht wurde, eine Fußtour in die nah' gelegenen Gebirge von Aidzu zu machen und uns zu diesem Zweck 14 Tage als Pfingstferien auszusetzen. Dieser Vorschlag fand allgemeinen Beifall, doch erhob sich auf der andern Seite das ernste Bedenken, daß uns das Gouvernement nicht gestatten würde, die den Europäern gesetzten Grenzen, von etwa 5 deutschen Meilen, in jeder Richtung von Niigata, zu überschreiten.

Dafür weiß ich Rath, rief der englische Consul, welcher als mein vorhin erwähnter Begleiter an unserer Sitzung Theil nahm, ich werde den Gouverneur ersuchen, mir zu erlauben, die Seiden-Provinzen zu besuchen, welches er mir nicht abschlagen kann, und nehme Sie, meine Herren.

図5　ウェーバーの紀行文（原文の冒頭部分）
（アルトナ新聞〈1870年11月20日〉より、ハンブルク州立・大学図書館所蔵）

を考えれば、この紀行文は旅から帰ってきてあまり時を経ないうちに最終的にまとめ上げられたものであろう。

日本での聖霊降臨祭の旅―日本に在住するアルトナ出身者による―

(旧友たちとの再会)

六月に入って初めて、今年も蒸すような暑い日がやってきた。その暑い日もやがて終わりかけ、私はある親しい知人との外出から空しく戻ってきたところだった。空しく、というのは、つまりこうだ。私たちは、横浜から陸路で新潟を目指している友人たちがここに来るのを待ちわびていた。友人たちは、自分たちが新潟を訪れることをあらかじめ知らせてくれていたのだ。そこで私たちは、かなり暑い一日ではあったが待ちきれずにこの友人たちを迎えに出てみた。だが、やはり結局うまく出会うことはかなわず、がっかりして家に戻ってきた、というわけだ。

さて、すでに食卓には夕食の準備が整っていた。食事を始めようとした、まさにその時だった。通りのほうから「ハロー!」という声が響いてきたので、私たちは急いで外に飛び出した。するとすぐに

「やれやれ、ようやく新潟に着いたよ」

という言葉とともに、友人たちは天から降りてきたかのように突然私たちの前に現れた。

「何か食べるものはないかね。狼のようにお腹がペコペコだよ」

「とにかく部屋に入ってゆっくりしてください」

と私は嬉しく答え、

「ずいぶんと待たせてくれましたね。それじゃあ、煮えたぎるほど熱いスープをごちそうしてあげますよ」

と言って、友人たちの手を順にとり、歓迎の言葉をかけた。

私たちは皆浮き浮きして食卓に着き、食事をしながらお互いに様々なことを心ゆくまで尋ね、そして語り合った。やがて私の客人たちの胃袋が満たされ、椅子の背もたれに寄りかかって葉巻を吸い始めると、私は

「さて、これからの日々をどうやって過ごしてもらいましょうか」

と切り出した。すると実にいろいろなアイデアが出された。やがて、

「近くの会津の山々まで歩いて行こうじゃないか。聖霊降臨祭の休日として、十四日間の旅に出ようじゃないか」

と誰かが提案した。この提案は皆の喝采を受けた。しかし一方で、まじめな心配も出された。

「だが、日本政府は西洋人が新潟町の五ドイツマイル〔一ドイツマイル=約七・五キロメートル〕四方より向こうへ行くのは許してくれないだろう」

「それならいい方法がある」

とイギリス領事が大声で口をはさんだ。この領事は、先ほど私の外出に同行していた人物で、私たちの話し合いに同席していた。

「養蚕地域を訪れる、ということで、知事が私に許可するよう頼んでみよう。私からの要請なら知事は断われないさ。そして諸君、君らには私の客人として同行してもらおうじゃないか」

皆がこの意見に賛成した。そして、いくつか細かい点を詳しく話し合った後、夜遅くに別れて、とても興奮しながら寝床に就いた。

イギリス領事の考えは正しかった。知事はすぐに旅行の許可を与えてくれたのだ。そこで私たちは、それから数日間、この旅行の準備のために忙しく過ごすことになった。内陸のほうに向かってできるだけ遠くまで行きたい、と私たちは考えた。そのため、皆が「駕籠」という当地で一般的な乗り物を用意することに決めた。途中で無駄な滞留をせず、疲れたらその駕籠に乗って旅を進めるためだ。

駕籠は高さ約三フィート、長さ約三・五フィートで、幅は二・五フィートほどだ。当地でクーリーと呼ばれている搬送人が、駕籠の上部に固定された木の棒をかついで運ぶ。

このような狭い空間では、もちろん身を縮ませて座らなければならないのだが、これはすぐに慣れるもので、しばらく試してみればまあまあ我慢できるくらいには自分の身を納められるようになるものだ。駕籠の内部には瓶やコップ、葉巻など入れておくことのできる場所がいくつもあり、旅の疲れをまぎらわしたくなれば、いつでもこれらに手を伸ばせる。

その駕籠に、新鮮な食料や保存食など必要なものすべてを木箱いっぱいに詰め込んで置き、十四日間にわたる旅行の支度をこしらえた。荒野に旅立ってもいいくらいの完璧な準備をして、六月十六日の朝早く、旅立ちの出発点となる私の家に集合した。

たっぷりの朝食をさっと食べ終えるや、居残る友人たちに手短かに別れを告げて、まず荷物をすべて先に運ばせた。そして私たち五名は、愉快に歌を口ずさみながら新潟を後にした。

（六月十六日：第一日、新潟から大野を経由して新津へ）

ようやく、この砂っぽい道ばかりでうんざりの退屈な町を離れた。草原や森での、そして山や渓谷での自由で心躍る日々が、私たちの前に広がっているのだ。新鮮な空気をじっくりと吸い込み、普段とは違って愉快に世の中を眺めることができるのだ。何と素晴らしいことだろう。

さて、私たち旅行仲間が全部で五名であることは、先ほど記した。その五名とは、イギリス領事、オランダ領事、スイス紳士、メクレンブルク紳士〔メクレンブルクはドイツ北部の地方名〕、それに私。このなかではスイス紳士が明らかに中心人物となるので、私としては、まずこの人物について詳しく語っておきたい。このＪ氏、すでに五十歳代の年配の男だ。職業は蚕糸検査技師で、探究心の旺盛な地学研究者でもある。日本に居住してすでに年月を重ねており、結婚もしている。非常に恰幅がよく、気性としてはかなりの変わり者だ。これには生まれつき難聴であることがかなり影響しているかもしれない。しかし一方では快活かつ多弁で、肥満と年齢のわりには健脚だ。

メクレンブルク出身のＧ氏は、もっと物静かでおっとりした性格で、同じくすでに長いあいだ商人として日本に住んでいる。

オランダ領事は、いつも軽薄な冗談を口にする道楽者だ。

イギリス領事は、慎重な気質で、何事にも冷静さを失うことがない。それでいて鋭い知性に恵まれ、あらゆる学問分野に関心を有している。

以上が私の旅仲間だ。私たちはこれから、日常の憂いから逃れて自然のただ中へと向かうため、広い街道を悠然と進んでいくのだ。

空模様は徒歩旅行にはまさに打って付けだった。空は厚い雲に覆われて日光はなかった。やや湿った空気に、柔らかな西風が心地よかった。

まず、この地方の主要な河川である信濃川に沿って歩いた。風景は変化に乏しかったが、川に沿ってうっそうと茂るたくさんの木々が私たちの目を楽しませてくれた。私たちの右手には砂丘が広がっており、その向こうから海岸に打ち寄せる波のざわめきが聞こえた。このあたりはおよそ魅力的といえるものではなかったが、やがて麗しい自然にめぐり合えるという期待があったので、私たちは冗談を言ったり歌ったり笑ったりしながら歩を進めた。なにしろ仕事のことは町にいる連中に任せてきたのだ。ということは、憂いのもとになるようなものはすべて置き去ってきたということなのだ。

四時間ほど歩いていくと、大野という小さな村に着いた。ここで私たちは川を渡らなければならなかった。

ようやく私たち一行の全員を見回してみた。知事からの指示で同行した官員六名のほかに、私たち五名分の駕籠を運ぶため各々四名ずつのクーリーがいた。さらに旅行用のカバンや包みを運ぶ十二名のクーリーがおり、最後におよそ二十名のクーリーが食料の入った木箱や籠を背負っていた。

その村で一番大きい旅籠で休憩をとった。ゆっくりとあたりを眺めることができた。が同時に、私たち自身が、そこに集まってきたたくさんの村の若者からじっくりと観察されることにもなった。この貧相な村にはまともなお茶さえないので、代わりに何杯かお湯を飲み、そのあいだに用意ができた川舟に乗った。舟は激しい流れに乗ってすばやく進んだ。漕ぎ手たちはとても熟練していた。私たちを乗せた舟は、いくらか川下に流されながら反対岸の船着き場に着いた。

そこからは、まず堤防に沿って歩いていった。堤防は、左手の低地に広がる水田を洪水から守るためのものだった。そして二時間ほど歩くと、ようやく広い街道に合流した。その街道をさらに行くと、ようやく午後一時頃に阿賀野川〔小阿賀野川?〕の岸に着いた。越後で二番目に大きな川だ。私たちはここからもう一度、舟に乗って川を渡ることになっていた。そこから乗る川舟は、すでに川面で大きく揺れていた。

しかし、ここでJ氏が

「まずは胃袋に重しを詰め込まなけりゃあ、もうこれ以上進まんぞ。俺があのボロ舟に乗るにはバラストを積み込む必要がある」

と言い出したので、私たちはバター付きのパン一枚、それにコニャック一杯と水をのどに流し込んだ。これが私たちの胃袋にとっても、また私たちの気分にとっても、よいバラスト〔空荷の船に積む、船のバランスを取るための重し〕となった。こうして川を渡り終えると、私たちはそこで休憩もとらずにさらに進んだ。

しばらくすると、空には雲がますます広がり始めた。やがて雨がぽつりと落ちてきて、時おり風も激しく吹いてきた。携帯してきた晴雨計は、まもなく嵐が来ることをすでに数時間前から告げていた。そこで、できる限り道を急いだのだが、私たちを襲う運命からは完全には逃れることができなかった。午後五時には風雨があまりに激しくなったので、駕籠のなかに入り込まざるを得なかった。駕籠はいつもの三倍の人数でかつがせたのだが、ますます激しくなる風雨をついて前に進むのにはそれでも難儀していた。

ようやく六時半に今日の目的地である新津に到着した。信濃川の支流のほとりにある小さな感じのよい町で、この町に着いた時の喜びは小さくなかった。なにしろ、一日中およそ七ドイツマイルをほぼ歩き続けて、やっと安心できる場所に落ち着いたのだ。

先にそこに着いていた料理人や給仕人たちは、急がしそうに夕食の支度をしていた。私たちは、そのあいだに部屋の戸を外してそれを二つの小さな樽の上に置き、そこにテーブルクロスをかけてすばやく食卓をこしらえた。こうしてできた食卓にごはんとスープと魚料理が乗せられたので、疲れ切って床に体を伸ばしていた旅仲間たちに、私は

「食事の用意ができました」

と声をかけた。すると皆、号令に応じるかのように大急ぎで食卓に集まって、自分の食事を確保しようとした。とりわけスイス人のJ氏ときたら、ものすごい速さで食事を平らげ始め、私がおずおずと「腹いっぱいだとあまりよく眠れませんよ」とか「有名な医者も、夕食は適量の飲食を勧めていますよ」とか言っても、まった

く聞く耳を持たなかった。この年配紳士を制止するのは生半可なやり方では無理だと悟ったオランダ領事が

「ねえJさん、一体あなたはここまで運んできた食料を今晩のうちに全部食べ尽くしてしまおうってつもりなんですか」

と大声で叫んだ。すると、ようやくJ氏は料理に食らいつくのをやめたのだが、しかしそれは、すぐにまた赤ワインを一本、空にするまでガブガブと飲む前に大きくため息をつくためでしかなかった。私の隣りに座っていた一人は

「こんなのに負けていられないぞ」

と私にささやき、鶏肉に手を伸ばしかけていた年配紳士に先んじて、その鶏肉を確保した。

私たちは、この年配紳士のことを「父さん」とふざけて呼んでいた。その父さんは

「やれやれ、やっと腹がふくれてきたぞ」

と言って口をぬぐい、上着とチョッキとズボンを部屋の片隅に投げると、床に敷

いた毛布の上に身を横たえてさっそく眠り始めた。

この日の旅でとても疲れていた私たちも、すぐに父さんの後に続いて横になった。やがて深い規則的な寝息が聞こえてきたので、皆が眠り込んでいったのがわかった。ところが、私には安眠が訪れなかった。どうやらオランダ領事も私と同じようだ。風の音と、うようよ這い回る虫たちが気になって寝付けないのだ。そこで毛布についている大きなうっとうしい虫たちを探して丹念に何匹もつぶして寝入ろうとしたのだが、それでも駄目だった。

結局、私たち二人はひと晩中眠ることができなかった。

(六月十七日：第二日、新津・五泉周辺の油井と養蚕地を訪ねる)

夜が明けるやいなや、私たちは、酔って眠っている仲間を起こした。やがて出発の用意ができた。風はずいぶんと収まった。空はまだ雲に覆われていたものの、旅を続けるには結構よい天気になるようだった。日が昇ってまもなく、私たちは宿と町を後にした。新津は丘の麓にあって、きれいな並木道が家並みをつらぬいている。

小さな町でとてもよい印象を持った。しかし、町の中心通りのたいていの店で売っているのは、漆塗りや彫り物、地元産品で、船来のものはわずかだった。もっとも、日本の町や家並みの様子はどこも似かよっていて、しかもこれまでたくさん紹介されているので、あれこれ詳しく描写する気がしない。実際私たちは、今日のこれからの道すがら興味深いものをたくさん見ることができると思ったので、町の観察にはあまり時間をかけずに進んでいった。

私たちはまず丘に向かって歩いた。すでに述べたように、新津の町はその丘のずっと遠くの裾野にある。やがて広い道を離れて、透き通った水が湧き出る泉を探した。その泉があるところというのが珍しい。小さな丘の頂き近くから湧き出ているのだ。そこにあった碑文によれば、今からおよそ二百年前、強い地震によって突然地面に裂け目ができ、そこがすぐにごく良質の飲み水で満たされたという。私たちが実際に飲んでみると、確かにとてもおいしかった。

それから、近くにあった非常に古風な瓦工場を見学したが、そこで監督者たちからやたらと専門家ぶった話を無理やり聞かされる羽目になったので（彼らは西洋人が物知らずとでも思っているようだった）、やがてその場を去って石油の井戸を見学することにした。

しばらく手前から独特の石油の匂いが地面から発散されているのに気づいた。それから実際に最初のいくつかの油井にたどり着くまで三十分とかからなかった。これらの油井は深さは二十フィートから四十フィートほどだった。水井戸と同じようなかたちに作られていて、実際の扱い方もそれと似ていた。底のほうには石油が濃く混ざった水が六、七フィートほどあって、これを桶で汲み取るのだ。脇のほうに、周囲を囲ったくぼみがあって、その上に向きがそろっていない藁が厚く重ねてあった。汲み上げた桶をその上で空けると、石油を含んだ水は藁を通って流れ落ち、粘り気の強い油だけが藁の茎にからまり、その下に置いた容器にゆっくりと滲みて落ちてゆく。このやり方ではもちろん無駄になる石油も多く、しかも得られる石油の純度も低いのだが、それでもまだ、日本人たちはこれがとても有効で素晴らしい方法だと考えていた。私たちに同行している役人たちでさえ、知識階級にありがちな独特の言い回しはしているが、要するに同じ考えのようだった。地元の人たちによれば、三百年ほど前、これらの油井の少し先の場所で新しい井戸を掘っていたところ、すさまじい音が響きわたった。人夫たちはいったん掘るのをやめたが、やがて気を取り直して井戸を覗き込んだところ、石油が井戸の縁まで噴き出て、絶え間なく浮き沈みしていたということだ。

この井戸は、その頃からまったく変わることなく、石油の噴水という珍しい見せ物を私たちに間近に眺めさせてくれているのだ。噴水が起こるのはガスの噴出が原因だと思うが、その噴出力では井戸のくぼみの縁までしか油水を持ち上げられないようだ。そのため、油水が井戸からあふれ出てしまうのは、地震などの大きな揺れが生じた時だけに限られる。

私たちが井戸の近くで足をドスンと踏みならすと、噴水はより高く吹き上がった。そこで父さんは、この時ばかりは自分の重たい体が役立つというのがとても気に入ったらしく、さっそく自分の体重を使ってドスンドスンとやり始めた。クーリーたちは、父さんには駕籠に乗っていられるよりも、自分でこのように跳ね回るように歩いてもらったほうがありがたいようなので、私はこの哀れなクーリーたちのことを思って、年配紳士に、ここであまり疲れないように、と声をかけた。

さて、私たちは、噴水の泡に布を浸してその布を少し押しつけて、石油だけが布に滲み込んでいる状態にすると、試しに火をつけてみた。すると布はすぐに燃え始めた。純度が低い石油がいわば蝋燭の芯のような役割を果たすのだ。炎は布の油がほぼなくなるまで燃え続けていた。

このとても興味深い現象に、私たちはずいぶん長いあいだ取り憑かれてしまった。やがて、「プレジデント」というあだ名のイギリス領事が、そろそろ出発しよう、と言い出した。私は、オランダ領事に、石油の匂いで害虫をみな退治できるぞ、と持ちかけて、この粘っこい液体をハンカチに滲み込ませて持っていくよう説得していたところだっただけに、これをとても残念に思った。この全く新しい科学的発見(実際に根拠もあることだ)を説く私の真剣さに、いよいよオランダ領事が自分のハンカチを犠牲にしてしまおうとしたその時だった。私たちの会話を聞いていたメクレンブルク紳士が、それなら石油よりもオーデコロンのほうがよく効くぞ、とオランダ領事に勧めたのだった。

こうして私たちはそこを立ち去った。しばらくまっすぐに進んで、ふたたび街道へと出た。五泉という小さな町へと向かう道だ。街道の両脇にはおもに穀物畑が広がっていた。土地の人々は小麦の刈取りやアブラナの積み出しに精を出していた。刈り取った後の畑には豆やジャガイモやカブを植えていた。また、ところどころ見かけるこれより低い土地に田んぼがあった。そこでは百姓らが膝のあたりまで泥水につかりながら、水を張った地面に苗を植えていた。

すでに天気はすっかりよくなって、しかも暑すぎはしないので、歩いていて少しも疲れは感じなかった。その上道すがら目に入る光景は変化に富んでいて、退屈な会話で気を紛らわす必要もなかった。これは徒歩の旅ではとても重要なことだ。

昼近くになって、ようやく五泉に入った。この地方の役人たちの仰々しい行列が私たちを迎え、この町で一番の宿まで案内してくれた。私たちの料理人たちがすでに昼食の用意を整えていてくれたので、すぐに食事ができた。

昼寝を少ししてから、荷物や駕籠をすべて宿に置いたまま、近くの養蚕地へ視察に出かけることにした。ここは養蚕の盛んな地域なので、途中にたくさんの桑畑があったが、桑の葉はほとんど見あたらなかった。蚕はすでに蛹になる直前の第四齢か終齢に達していたので、こうした蚕を育てるために桑の葉はすべて集められてしまっていた。

二時間ほど歩くと、大きな村に着いた。この村の人々はほとんど養蚕だけに従事していた。そうした家々に入って観察してみると、そこでは家のかなりの部分が蚕の飼育にあてられていた。一つの籠には蚕が百匹ほど入っていた。それらの籠が重ねられ、あるいは並べられて壁ぎわに置いてあった。蚕は動かないものもあれば、桑の葉を食んでいるものもあった。籠はそれぞれ直径約二フィート、高さ一・二フィートの大きさで、そのなかには桑の葉がたくさん置かれ、蚕がこれを食んでいた。こうした光景を私たちが何気なくさっと見ていると、採ってきた桑の実を食べているのでそれまではやや控えめだったスイス人こと父さんが、私たちの前にしゃしゃり出てきて、とうとうとしゃべり始めた。

「さて諸君」

と父さんは切り出した。

「どうやら君たちには案内役が必要なようだ。でまあ、私がその役を引き受けることにして、ここで何が行われているかを説明してあげよう。

ここでは気温がどこでも一定に保たれていることに気づいただろう。これは、蚕にとってぜひとも必要なことだ。だがイタリアなら、ここのように空気の流れを遮断せず、もっと空気を新鮮に保つよう気をつけている。籠のなかにいる蚕はすでに終齢で、よく見れば頭の形が様々なのがわかると思う。これは、まもなく糸を吐くためによじのぼるものを探している印なんだ。このため、籠のなかにはすでに藁を入れているんだが、多くの蚕が藁の分枝しているところに糸を吐き出しているのが見えるだろう。普通イタリアでは藁を立てて置いているのに対して、ここでは横にして置いてある。これは飼育方法としてはよくない。蚕が吐き出した糸が交差してしまうからだ。いわゆる二重の繭という、うまく挽くことができない糸になってしまい、二、三匹が吐き出した糸でも、普通の一匹分の繭の半分の値打ちさえなくなってしまう。与えられた桑の葉を食べ終わると、籠から一匹ずつ取り出して別の新しい籠に入れなおす必要がある。これはかなりの重労働だ。この新しい籠にある繭は、もうかなり糸を吐き出したもので、こうした糸は湯に入れて煮沸するか、あるいは虫を繭の外に這い出させれば、もう糸挽きに回しても大丈夫だ。ここの家では」

と父さんは講義を続けた。

「もう繭から這い出している蛾が見える。これらは交配した後、まもなく死んでしまう。オスもそうだが、メスも飛び立つことができない。メスは死ぬまでせいぜい一フィート弱の範囲でしか動けないが、交配させてからのメスは卵を産み続ける。メスを粘着性のある紙の上に乗せて、卵を産みつけさせるんだ。紙いっぱいに卵を産み終わると、また別の紙を用意してメスをそこに乗せて卵を産ませる。

こうした蚕卵紙は、諸君もご存じのように日本からイタリアとフランスへ毎年大量に送られている。これらの卵は翌年の始めには孵化し、いまは病気で弱っている地元のものよりかなり良質な蚕が生まれてくるんだ」

さて、蚕の飼育方法についてはこれで十分だろうか。父さんのありがたい話は、このへんで終わりにしておきたい。

父さんは帰り道でも、蚕が大食いであることや、その大きさや品質などについて、たっぷりと時間をかけて話を続けた。やがて話は生糸の価格にまで及び、今年はロンドンでの相場が上がるか下がるかということまで話し始めた。

この時、どこからか、桑の実は甘いのか、それともまずいのか、という質問が聞こえてきた。私にはそちらのほうに興味があったので、この質問のことを考えていると、やがて父さんの声がまた聞こえてきた。

私たちは、ロンドンの相場のことを一年中切実な話題として生活しているのだ。せめて聖霊降臨祭の旅の途上くらいは、一日中天気のことなどを話題にしていてもよいではないか。私は実際にそんな話を始めたが、それでも父さんは、宿に着く頃にもまだヨーロッパの生糸の出来のことを話していて、しばらくしてようやく相場と生糸の出来のことを忘れてくれた。

夕食を済ませると、私たちはゆっくりと休息した。私は部屋の戸をベッド代わりに使うことにし、そのためにぐっすりと眠ることができた。ほかの旅仲間たちも、これはとてもいいアイデアだと言い、年配の父さんなどはその重い体を支えられる丈夫な角材を何本か使ってうまくベッド代わりにした。

（六月十八日：第三日、五泉から村松の炭鉱と茶畑をめぐる）

次の日は朝五時に出発し、昨日とは別の方角の、茶栽培地域を目指した。ご年配の私たちのよき友である父さんは、桑の実の食べすぎのせいか、それとも酒の飲みすぎのせいか、宿に残っていることになった。

このあたりはとても心地よいところで、山麓に近づくにつれて風景はますます美しくなった。やがて山地に入り、まず、操業中の炭鉱に寄った。といっても、この山麓に開けられた穴のことを炭坑と呼ぶとしてだが。

イギリス領事と私は、高さ三フィートほどの穴のなかを灯りで照らしながら入っていった。奥は四十フィートから六十フィートほどあったが、そのあいだずっと半フィートほどの水があったので、その水のなかを何とか歩いていかねばならなかった。坑道の一番奥まで行って石炭のかけらを二、三個砕いた後、急いで坑口へと戻ってきたが、ずいぶんと汚れてしまっていた。

銀山や鉛鉱山を訪ねたいとも考えていたのだが、それらが遠くにあることがわかったので、寄らずに先を急ぐことにし、やがて茶畑が広がる場所に出た。茶樹はせいぜい二フィートから三フィートの大きさで、波打つような丘陵地に広がっていた。それほど高い丘ではなかったので影が落ちることはなく、一フィートほどの間隔で植えられた茶樹には、太陽の光が一日中注がれていた。

ちょうど最初の茶摘みと二回目の茶摘みとのあいだの時期だったので、畑仕事をしている女性たちはわずかしかいなかった。新芽は残しながら、一番摘みで摘み残した大きな茶葉を摘んで、高級でない茶の製造に回していた。茶葉をいっぱい詰めた袋を担いだ牛が、たくさん村松の町へ向かっているのが見えた。村松の一番手前の町並みは、ここからでもわずかに見えた。この封建領主の町は格好の場所にあり、周辺に見合うように素晴らしいだろう、と期待していた。何しろここは城下町だ。だが、やがて私たちはひどくがっかりすることになった。目に入ってきたものは、こぎれいな家々ではなく、ところどころに土や木でこしらえた粗末な小屋が並ぶ、広い焼け跡だったのだ。私たちは、この国に深い傷を残した一八六八年の悲しい内戦の跡を、ここで初めて見た。傷はすぐには癒せないだろう。こうした戦乱の傷跡は、この後も旅の途中でいくつも出くわすことになる。

私たちは荒れた通りをとりあえず抜けて、宿の方向へ引き返した。すでに正午はとっくに過ぎたので、ここで食事と飲み物をとることにした。今日はもともと五泉周辺を歩くだけの予定だったので温かいものは用意しておらず、食事はすぐに終わった。

やがて休憩している旅籠に私のなじみの茶商人たちが何人もやってきて、私に茶の見本とか、すでに私が買ったことのある茶の一部を見せてくれた。ここで私と取引しようということなのだろうが、それは断った。だが、ちょうど茶を製造するところを見たいと思っていたところだったので、彼らにそこへ案内してもらった。これは好都合だった。

大きな上屋のなかに男女三十名ほどがいて、摘んだばかりの茶葉の焙煎や加工などを行っていた。まず弱い炭火の上に置かれた大きな釜に茶葉を入れて、木の棒で攪拌し続けながら乾燥させる。ある温度まで熱すると、今度はその茶葉を筵の上に広げて、冷ましながら両手でよく揉む。すると茶葉に撚りがかかってくる。

この作業をしばらく続けてから、すでにかなり褐色になった茶葉を、下から炭火で軽く温められている半円筒状の紙の上で軽くゆすってさらに乾燥させる。こうして出来上がった茶は、葉の大きさによって七種類に分けて木箱に詰められる。海外へ輸出する茶の場合は、これでもまだ焙煎や乾燥が十分でなく、もう一度同じ作業を繰り返す。この作業は、たいていは欧米人が自ら日本の開港場近くで行っている。

この単調な作業を観察してから、私たちは摘みたての茶葉を使った香ばしい茶を何杯か飲んだ。さらに、工場の経営者の美しい夫人が入れてくれた茶はことのほかおいしく感じた。

やがて、私たちは五泉に帰ることにして駕籠に乗った。かなり疲れてもはや歩く気はなかったし、降りやまない雨にもうんざりしていたので、私たちは駕籠を急がせた。あたりは薄暗くなり、外には見るべきものもあまりなかったこともあって睡魔が襲い始めた。目が覚めた時には五泉に着いていた。

宿に居残っていた旅仲間の父さんは、見たところすでに十分に体調が回復しており、思ったとおりとても退屈な様子だった。

そこで、その父さんを楽しませるために今日の出来事をおもしろおかしく話してあげた。特に村松のあの美しい商人の夫人のことを私の想像力が及ぶ限り魅力的で素敵な女性に仕立てあげて聞かせてやった。父さんは少し興味を示したようだったが、やがてイギリス領事が自分の持って帰ってきた鉱石や石炭などを観察させてあげると、今度こそ生き生きとしてきた。父さんはべっ甲の眼鏡を取り出すと、鉱石を一つずつ丹念に調べて、必要なものには説明を加えた。

私たちは父さんの豊富な知識に感心して聞き入った。だが、父さんがあまりに得意気に話すので、私は悪戯をしてやりたくなった。そこで、普通の火打ち石だが外見がちょっと変わっているものを、収集した鉱石のなかにこっそりとまぜた。まもなくこの火打ち石を父さんが説明する順番になった。そして、父さんがこの興味深い標本についてそれまでと同じ調子で説明を始めた時の私たちの愉快さときたら、それはもう最高だった。

「この石は学問的には黒曜石と呼ばれるものだが、ガラス転移のプロセスが不十分だったと見える」

と父さんは切り出したが、その続きを喋ることができなかった。というのも、私たちはもう我慢できなくなり大声で笑い出してしまったからだ。私は、ほかの皆とともにどんな悪ふざけをやらかしたか父さんに明かしたが、父さんは自分が誤っていると認める気などさらさらなかった。

「最後まで話させてくれないかね」

と大声で言って、

「いいかね、この石が黒曜石に属するということを諸君に証明してあげようと思ったのだが、ところがどうやら黒曜石としての特徴を完全には備えていない。そこで私としては、この石は形成途中の鉱石として、何か特別な名称で呼ぶべきだと考えるのだ」

とさらに続けたので、私たちはこの言葉に対してこれ以上口をはさむことができなかった。こうして父さんは窮地を切り抜けたというわけだ。だが、父さんは今日の講義をここでおしまいにした。私たちにもう真剣に聞く気がないと思ったからだ。

断っておくが、私は、我らがスイス紳士の父さんが鉱山のことや地質学について知識がない、とか、ほかの旅仲間がこれらのことをほとんど知らないのを否定しようとか、そうしたことを言おうとしているわけではない。ではあるが、一方で父さんは、私たちにそう信じ込ませようとしているほどには広範で深い知識があるわけではないことも確かで、このことは後でまた明らかになる。

（六月十九日：第四日、五泉からいよいよ旧会津領へ）

翌朝、私たちはいつもより少し遅く、ようやく六時半になってから出発した。狭い近道を通っていくと、いよいよ会津の山地に近づいてきた。とても暑くなりそうな一日だった。空には雲一つなく、風もまったくなかったのだ。今日の道は人家が少ないところで、桑の木がところどころに植えてあるものの大部分は雑木やうっそうとした木々に囲まれていた。

十時頃になって、街道に出た。沿道には木が植えられており、狭いがよく手入れされている道だった。こうした道が山地までずっと続いていた。徐々にだが確実に上り坂となった。新鮮な空気を吸い込み、周囲の素晴らしい景色を堪能することができた。右手の深い谷あいには、銀色の糸のように見える阿賀野川が山々のあいだを縫うように流れていた。その川筋の向こうの山々は広葉樹で覆われていて、木々のみずみずしい若葉からは心地よい生命感に満ちた香りが漂ってきた。これこそが憧れの森の香りだ。私たちが通ってきた道は、山の中腹を切り開いた道だった。標高およそ千フィートから千五百フィートまで上ってきた。沿道には並木があったが、残念なことに、ひんやりとする木陰は私たちのところに落ちてこなかった。

やがて最初の峠に差し掛かった。ここまで同行してくれた、先ほどの城下町の役人たちが、私たちに別れのあいさつをし、関所の門前に集まっていた別の役人たちに私たちを引き渡した。その役人たちの長が、かつては会津侯のもので今は政府直轄となっている地域に入ったのですよ、と私たちに伝えた。とその時、父さんが

「会津万歳！やったぞ、ようやく会津だ。どんどん先へ進もう。俺がここの主人になるぞ」

と興奮して叫んだ。役人の長は、この太った賑やかな男を一瞥して微笑むと、私たちを先導して進み始めた。

父さんは先の内戦の時に会津にいた。その時窮地に陥っていた会津藩主には軍資金が必要だったので、父さんはその藩領の有望な鉱山からできるかぎり早急に資金を稼ぎ出すことを請け負った。準備の時間がなく器械も不足していたが、そんなことにはお構いなしで少しでも稼ぎ出そうと精を出していた矢先、ミカドの南軍が会津に進出してきたので、父さんは闇夜と霧に紛れて逃げ出さざるを得なかった。いわゆる反徒に何らか関わった者に許しが与えられることは期待できなかったのだ。つまり父さんは、ひと山をまるごと買って将来の大儲けが確実な鉱山事業を営むつもりだったものの、逃亡によってすべてを放棄しなければならなかった、というわけだ。一攫千金の夢よもう一度、などとは、今や考えられもしなかった。彼が心酔していた会津藩主は反乱者として囚われの身のままであり、その会津藩主が支配していた麗しき土地はミカドの南軍に占領されてしまっていたのだから。

この話し好きな年配紳士は、私たちが進んでいくあいだ、私たちにこうしたことすべてを聞かせてくれた。今日の父さんは一片の疲れも感じていないようだ。こうして、途中で休憩をとることもなく七時間半歩き続けた後、ようやく午後二時に谷沢という名の大きな村に着いた。高台にあるこの美しい村で昼食をとろうということになった。その時に初めて、私たちは今日がどれほどの大きな骨折りであったかを感じた。朝の六時から何も食べていなかったにもかかわらず、大変な疲労のため食事の前に十分休息をとらなければならなかった。そのため、再び歩き始めたのは四時近くになってからだった。広々とした小高い丘陵を越えていく道だったので、幸いなことにやがて上り坂が終わった。丘陵地はほとんど桑の木で覆われていた。ところどころに香りの強い灌木があった。これらの木々には小さな白い花がたくさん咲いており、その上で蝶や蜂が飛び回って、ごちそうにありついていた。やがてまた村から遠く離れ、うっそうとした森になった。木の根元や道の脇には茨が生えていた。私たちは雑草の生えた柔らかな道を進んだ。

七時近く、道はようやく谷に入っていき、まもなく阿賀野川の岸にたどり着いた。そして、すでに用意されていた小舟に乗った。舟は川を上っていくので、岸にかなり近く流れの緩いところを進んでいった。漕ぎ手たちは竹竿の櫂を使って舟をかなりはやく走らせた。川はとても深く、二十フィートはある竹竿でも川底に届かないので、川岸の岩のところに竹竿を押しつけて進んだ。

このあたりの風景は素晴らしかった。木々が茂る岩肌の、切り立った山が川岸からほぼ垂直に千フィートから千二百フィートの高さまでそびえていた。あちこちに岩の塊が落ちていて、川面では流れが渦を巻いたり小島をつくったりしていた。しかも、川の途中には流れが蛇行するところがたくさんあって、こうした場所に浮かぶ舟は、流れのない湖の水面を漂っているように見えた。その深い静寂のなかを、鳥たちのさえずりや、竹の櫂が岩肌を叩く音がこだまとなって響いた。そしていよいよ、空と山頂とを焦がす素晴らしい夕焼けだ。ひとことで言うと、それはまるで夢のような風景で、忘れることのできない舟の旅であった。私たちは座ったまま誰も声を発することもなく、皆、このような美しい風景が呼び起こさずにはおかない深い感動に身をゆだねていた。

この感動は日本人にとっても同じようだった。というのも、この素晴らしい風景を紙にスケッチしようとふと思い立った者が何人かいたが、やがてそれがとても不可能だと思い直して、スケッチするのをあきらめた様子だったのだ。舟がさらに進むあいだ、私たちは葉巻を心地よく吸って、この地域独特の美しい風景を、驚きの念とともに凝視していた。

突然、我らが父さんことJ氏の大きな叫び声がして、観察にふけっていた私たちをぎょっとさせた。

「ああ、私の山だ、あそこに私の山がある！」

父さんはとても興奮して身を震わせた。昔の思い出のせいか、あるいはまた、儲けそこなった財産のせいなのだろうか。とにかく父さんは、大きな身振りを交えて、自分の山のことや会津藩主の運命についての嘆きを語り始めた。私たちは、父さんがいよいよ気が狂ったのではないか、と真剣に心配したが、やがて、ようやくのこと父さんの気分を落ち着かせて座らせることができた。父さんの激しい動きで、舟は転覆しそうだったのだ。

父さんが自分のものだという、その山の麓近くに船が着いた。そして岩肌に沿った広い階段を登っていくと、その先に小さなこざっぱりとした町、津川があった。残念なことに、この町も至るところに戦乱の傷跡があった。私たちは、ほとんど廃墟といえるような多くの焼け跡の近くにある、今夜の宿に指定された寺に入った。

(六月二十日：第五日、草倉銅山を訪ねる)

次の日は、銅山を視察することにしていたので朝四時に起床した。この視察に好都合な天候になりそうだったので、私たちは夏用の軽装で行くことにした。山中を分け入る道を歩くのに厚手の服では邪魔になると思ったのだ。

私たちは、これから父さんの山に登って、もちろん父さんの長い交渉に付き合わなければならなかった。七時には雨が降り始めて、やがてその雨が次第に強くなってきた。私が、自分が宿に行って厚めの服を取ってこようと申し出たところ、皆はこれに同意したので、急いで宿に向かった。やがて、ますます天気が悪くなった。私は、これまでの旅行の記録をまとめるために時間を費やしたい、というもっともな理由で、服を皆のところに持っていくのを従者にまかせることにした。そして自分はそのまま宿にとどまった。

正午近くに、この寺の僧侶たちが私のところにあいさつに来て、土産として煎餅をいくらか置いていった。ところがこれはどうやら、いわゆるエビでタイを釣ろうということのようで、僧侶の従者たちはいかにも怪しげに私のコニャックの瓶を眺め始めたので、私は土産のお返しとしてそのコニャックをあげたのだが、彼らはこれだけで満足する様子はまったくなかった。僧侶とその従者たちは、あれこれと欲しがり始めたので、ついには私も我慢できなくなり、彼らを叩き出してしまった。夕方、皆が帰ってくると、僧侶たちはまた同じように我々から何かもらおうとしたが、イギリス領事がひどく無愛想にはねつけたので、それからはもう二度と現れなかった。

皆の話では、銅山はかなり大きなものだったそうで、坑道は約二百フィート、坑口が四つか五つあったということだ。イギリス領事は、この穴の一つに四つん這いになって入ってみたが、中はかなり水びたしになっていて、穴の一番奥までは行けなかったらしい。

また、鉱山では約三百名が働いていて、その大部分が子どもだったという。坑道のなかで火薬を爆破させて鉱石を砕き、その細かくなった石を坑道の外へと運び出す。そこで小槌で叩いてさらに小さくし、洗って土を落とした後、地面に据えつけられた大きな釜で溶かす。現場ではこれ以上の製錬作業は行わないのだという。こうして製錬された赤褐色のものを皆が持って帰ってきた。

（六月二十一日：第六日、野沢への道すがら会津藩士家族らと出会う）

次の日の朝は六時に出発した。だが父さんは、お気に入りの銅山や、父さんが「技師」と呼んでいた鉱山の監督者とこのまま別れるのはいやだと言うので、私たちは、金や銀や銅などが含まれているはずの様々な鉱石の観察にしばらく付き合わされることになった。そして、物知りの技師と津川局の役人の長と一緒に朝食をとってから、ようやく出発できることになった。

道は素晴らしい風景のなかを上ったり下ったりした。長い峠を越えていったこの三、四時間の道のりは特に語るに値するものだった。峠の両側の斜面には大きな木々があり、そこでは何百という鳥たちが美しいさえずりの声をあたりに響かせていた。そのなかでも一番気を引いたのはナイチンゲールのさえずりで、平地ではあまり見かけないこの鳥がここでは何千羽も飛んでいるかのようだった。日本には美しい鳴き声の鳥が少ない、などというのは誤った考えだということがわかる。

午後一時に小さな町で昼食をとった。ここから次の目的地である野沢まではずっと上り坂で、風景はますます美しかった。街道は広くて手入れが行き届いていたが、かつての防護柵の残がいをあちこちで見かけた。いわゆる反乱者といわれた人々が勇敢に守った砦だ。

この日は多くの行き来する人々で賑わっていたが、こうした人々には浮き浮きした様子が少しも見られず、男も老人も女もみな押し黙っていて雰囲気は重苦しかった。やがてさらに多くの人々が荷物やあらゆる家財を運んで、続々とやって来た。尋ねてみると、この人たちはみな故郷から去ることを強いられて蝦夷島の北へと移住するのだそうだ。何百という家族たちがこうして主君が犯した過ちを償うために美しい故郷を去り、ほとんど手つかずの荒れ地のような蝦夷の土地を開拓しなければならないのだ。政府は蝦夷地を植民地のように扱っていて、そこをずっと確保するために屈強な人々に移住を強いて、信頼するミカドの臣下たちを派遣して管轄させたのだ。

すべてを失って故郷を去らねばならない哀れな人々の姿は、私たちの深い悲しみを誘った。この人たちが私たちに同行する役人とすれ違う時、荒々しく反抗的な表情を見せた。これは不思議なことではない。移住者は敗北者で、役人たちは勝利者なのだ。この美しい土地を目の前にすると、私には移住する人たちの別離の悲しみがよく理解できた。山地に住む人は、平地の人より生まれ育った地の自然が豊かなだけに、故郷への愛着が強いに違いない。

しばらく進んで、今日の目的地に着くまでの最後の峠を越えた。そして、曲がりくねった広い街道を進んで、盆地にある野沢の町を目指し、ようやく夜七時にこの町に着いた。

この町でも移住地に向かう多くの人たちが宿をとっており、町の通りは賑やかだった。旅籠はこうした人たちでいっぱいだったので、私たちは役所用の宿舎に泊まった。そこは公用の時に限って使われる宿舎で、ほかの客の宿泊は許されていなかった。

町なかには怪しげな連中が大勢徘徊しているという噂だった。そこで私たちには夜番が三十名つけられ、夜間に誰何する場合の合言葉が「ヤマト」（日本のある町の名）と決められた。父さんは一人で寝るのを嫌がり、私たちの真ん中に床を確保した。そして、オランダ領事と私だけがピストルを持っていたことから、二人が一番端に寝ることになった。

夜中、私たちを目覚めさせる大きな音がした。見ると、暗闇のなかでうずくまって身を隠しているような人影があった。即座にこの侵入者に向かって大声で「誰だ」と問いかけた。そしてピストルの引き金の音をさせて、私たちが万が一の場合に備えていることを教えてやった。すると侵入者は、自分の置かれた状況がよくわからない様子のまま、力いっぱい息を吸い込んで「トマト！トマト！」と大声で叫んだ。これには大笑いをしてしまった。どうやら暗闇のなかから見えてきたのは、J氏こと父さんの姿だったのだ。

それでわかったのだが、父さんは耳があまりよくないので、合言葉を生半可に「トマト」と覚えていたのだ。夜中、いつものようにのどが渇いたので、寝床から起きて水の入った瓶（と父さんは言い張った）を取りにいったところ、暗闇のなかではやはりすぐに見つけることができず、荷物に蹴つまずいてころんでしまった。それで大きな音がしてしまった、ということだった。

（六月二十二日：第七日、会津盆地に入って若松へ）

翌日は空が雲に覆われ、強いにわか雨が降っていたので、私たちは、宿舎にとどまるか先の旅程へと進むか、決心をつけかねていた。しかし、出発を望むイギリス領事とオランダ領事、それに私の三名がほかの二名を説得し、結局、降雨をついて出発することになった。

空は十時にはいくらか明るくなってきたのだが、ここまで越えてきた山々はまだかすんでいた。今日予定している道筋では最後となる峠に十一時に着いた。遠くに見える山の麓は、奥行き五マイル、幅三マイルほどの広く美しい高原となっていて、その向こうには磐梯山がそびえていた。山頂付近は雲にすっぽりと隠れていたので、壮大で美しい光景がかなり損なわれていたのは残念なことだった。

街道の下のほうにある塔寺という町から、役人が私たちを迎えに来た。私たちはその役人たちに伴われて峠を下っていった。J氏こと父さんはそのなかにかねてから知っている者がおり、楽しそうに話していた。塔寺で昼食をとった。その場所で父さんが、その旧友と土産品を交換して別れた後、さらに私たちは平地へと歩を進めていった。

道すがら、会津藩とミカドの兵たちとの戦いの跡をたくさん教えてもらった。こうした場所には焼け落ちた家屋や焦げついたような木々があったので、すぐにそれとわかった。

夕方六時、ようやくこの地方の中心の、かつての会津藩主の城下町に着いた。しかしこの若松町の様子は、悲しむべきものだった。かつて豊かで美しかった人口七万名の町は、がれきの山と言ってもいい状態で、小さなあばら屋が立ち並ぶ町が新たにできつつあるばかりだった。町の四分の三はまだ再建されておらず、それでも、通りからはがれきが片付けられていて、崩れかけた土塀と焼けた材木が、そこがかつては平穏な家々があった場所であることを示していた。

（六月二十三日：第八日、若松の町を歩く）

翌日、あらためてつぶさに町を見てみると、人々の生活を破滅させてしまった、恐ろしい荒廃の全体像がよくわかった。そうした人々の多くは粗末な小さい藁小屋に住んでいたが、小屋のなかにはきれいで高価な調度品が垣間見え、かつてのよき時代の名残を思わせた。また、巨大な仏像が壊されて打ち捨てられていたありさまは、信仰の対象さえも破壊の狂騒から逃れられなかったことを物語っていた。

町は以前はかなり人口があったのだが、残っていたのはその四分の一ほどだった。ほかの人たちは、あるいは死に、あるいは捕えられて連れていかれ、またあるいは町から締め出されたり逃げていったりした。イギリス領事とオランダ領事がこの地方の知事に面会した際の話では、この町の人口はわずか一万六千名だという。二年間という短いあいだで著しく減少したことになる。

こうした不幸の数々に、父さんは強く心を動かされたようだった。自分のかつての友人たちに助けの手を差し伸べる彼の姿には、私たちも感心せずにはいられなかった。しかし、まあ何と対照的なことだろうか。一方では、ある困窮している知人に百ドル以上も手渡す寛大さを見せたかと思うと、また別の知人には、土産をもらってもお返しにコニャック一本どころか数滴しかあげないのだ。

午後、私たちは城を近くで見学することにした。会津藩主が、町が灰燼に帰してしまった後も相当のあいだ抵抗を続けた場所だ。城は大きな角石からできており、周囲は歩いて三十分ほどの大きさだった。その外側は堀のある城壁が三重に囲んでいた。そこには城兵のための櫓が少しずつ間隔を置いて建ててあった。最も内側の城壁に囲まれた広い場所には、望楼をめぐらした堂々とした五層の天守閣がそびえていた。その最上層の望楼からは、会津盆地の全体を眺め渡すことができた。城のなかにある建物は、知事が現在住んでいる平屋を除いてすべて焼けて壊されていた。

砲弾でところどころ破壊された城壁を見たのち、天守閣の内部を見学した。建物の下のほうにある、武器庫や備倉庫として使われていた場所は壊された様子はなくて、槍や甲冑やマスカット銃などの古びた武器や武具がたくさんあった。

しかし上へ登るにしたがって戦いの傷跡は明らかだった。砲弾が壁の反対側まで貫いた場所があったり、部屋のなかの柱のうち一本は大きく吹き飛ばされていたりもした。また、壁や床が砲撃によって崩れ落ちていたり、数え切れないほどの弾丸跡が壁に残っていた。

戦いがもっとも激しかったのは、ここから八百フィートないし千フィート離れた山だった。ミカド軍はこの山の防塁をいくつかようやくのことで攻め落とし、そこから城を意のままに攻撃したのだった。それでも会津藩主は、弾薬が尽きかけて城壁に大きな裂け目ができてから、ようやく降伏の交渉を始めたのだった。まだ十分な火器がなかった時代なら城の攻略には困難が伴ったのだが、現在のヨーロッパの国の軍隊なら城を破壊して突入するのに三日とかからないだろう。

親切にいろいろと教えてくれた案内係の役人にお礼を述べて、私たちは城を後にした。そして、ドイツと日本の戦争の違いについて話し合った。どちらも戦争の結果、それまで独立していた諸侯が追放されてしまったのは同じだが、一方の日本では国土が荒廃し、もう一方のドイツでは強い国家が生まれているのだ。

（六月二十四日：第九日、猪苗代湖畔にたたずむ）

朝の天候はとても良好で、この日は早くに出発した。町を通り抜けると、やがてまた上り坂に差し掛かった。九時近くになって、近くの金山を見学するため街道から少し寄り道をした。正面の入口が一部崩れており中には入れなかったが、赤みを帯びた砕石が無造作に積み上げられていた。その小山から何片かを剥がし取って、後でよく調べてみることにした。また、坑口からも標本となる鉱石を持ってきた。これらの石を洗ってみると、ほとんど金を含んでいないことがわかったが、もちろんこうした簡易な調べ方では有望な鉱脈かどうかの判断はできない。

ふたたび街道に戻って、またしばらく上り坂を進んだ。そして正午になってようやく、有名な高原の湖である猪苗代湖の岸にたどり着いた。

私たちは、ここで言葉に表わすことなどおよそ不可能な風景に出会った。私たちの目の前には、長さ六マイルから七マイル、幅二マイルから三マイルの広々とした紺碧の水面が輝き、その水面を山々が囲んでいた。水際では、こちらでは静かに波が岸を洗っているかと思うと、あちらでは山の裂け目で湖水が鈍く泡立って大きくざわめいている。さらにそちらでは美しい木々が包む入江の岸でやさしく波がさざめくのが聞こえてきた。湖岸のうっそうとした樹木の合い間からは、こぎれいな漁村らしき家並み（少なくとも遠目にはそのように見えた）が、いくつもかすかに見えた。ここは安らぎと静けさが支配していたので、湖面を打つ櫂の音が何マイルも向こうから聞こえてきた。深く木々に覆われた山々からは、数えきれないほどの鳥のさえずりが賑やかに聞こえてきた。カッコーの短く物悲しげなさえずりも聞こえてきた。このような素晴らしい森のなかに一人たたずんで、何にもわずらわされずに何日も過ごしてみたいものだ、と思わずにはいられなかった。こうした自然の美しさに比べれば、文明化された町なかでの愉悦など、空虚で、精神に感化を与えることなく忘却に消えてしまうものだ。だが、この風景のほうは、何年たってもいとおしく、精神を高揚させるものとして心に残っていくだろう。

私の隣りにいた父さんもどうやら同じことを考えていたようだ。父さんは両手で私の腕を押さえつけて

「素晴らしいじゃないか！素敵じゃないか！私はスイス生まれでこれまで世界中い

ろいろと見てきたが、こんなに自然にあふれてロマンチックなところはなかった」と大声で言った。

こうした感情のほとばしりに、私は短くうなずくしかなかった。

父さんはおもむろに近くの茶屋に入った。そして昼食が用意されるのを待った。そのあいだ、私たちは舟の漕ぎ手たちと交渉することにした。舟で湖を渡ろうと考えたのだ。しかし漕ぎ手たちは、磐梯山の山頂に灰色の雲がかかっているので何時間もしないうちにきっと激しい風雨になるだろう、と言って舟を出す気はなかった。それでも私たちは舟に乗りたいのだと言い張ったのだが、案内役の役人さえも反対に回ったので、結局あきらめて、湖岸に沿って歩いていくことにした。

そうと決めたからには休憩はそこまでにして、ゆっくりと歩き始めた。進むにしたがって、風景の様々な美しさを新たに見出しながら、ゆるやかに起伏する道を心地よく歩いていった。

しばらくすると、案内役が言うとおり天気が突如変わり始めた。小さく泡立つような雲が空をどんどんと覆って薄暗くなり、山は灰色の霧のヴェールに包まれていった。大きな輪を描くように湖面を泳いでいた魚の群れは、木々のあいだに隠れ場所を探し始めた。穏やかだった湖水も、最初の突風で波立った。

四時近くになって雨が少し降り始めた。風はますます強くなって、湖水が小刻みに泡立った波となって岸に押し寄せた。そこで私たちは、本格的な悪天候になる前に風雨を避けられる場所に着くよう先を急いだ。幸いなことに、大きな音の激しい風雨に見舞われる前に、目的地にたどり着いた。

猪苗代というその小さな町は、残念ながら湖岸ではなく、有名な休火山である磐梯山（会津富士）の麓にあった。しかしその磐梯山の頂きが今日は見えないままであったことは、すでに述べたとおりである。

宿では二階に部屋をとった。一階には厨房と使用人の部屋しかないのだ。しかしまもなくこの部屋の不便さに気づいた。ご存じと思うが、日本家屋には厨房からの煙を出すための煙突がない。そのため煙は細長い隙間を通って上がっていき、さらに屋根と壁とのあいだの、排気のためのために開けてあるところからから四方へと出てゆくことになる。そうしたことから、厨房のすぐ上の部屋で煙が充満するのは当然だった。私たちは、普通であればハムやソーセージの燻製にちょうどいいような空気を我慢しなければならなかった。

夕食の準備が済んだ後はこれ以上煙を出させないようにさせた。それで、その夜は、煙が追いやってくれた蚊にも、さらには煙自体にもわずらわされることなく過ごすことができた。

（六月二十五日：第十日、強行軍で硫黄泉を探索）

次の日、空が明るくなりかけた頃にはすでに出発の準備ができていた。雨は降り続いていたが、猪苗代の近くを歩くことにして、ここからおよそ五ドイツマイルのところにあると聞いた大きな硫黄泉まで足を伸ばすことにした。オランダ領事は、これまでの疲れがたまっているのにさらに往復十マイルに及ぶ旅は無理だ、と言って宿にとどまった。

最初はしばらく広く平坦な道だったので、二、三時間は駕籠に乗って進み、ちょっとした山の湿地もそのまま駕籠を小舟に乗せて渡った。八時頃、私は狭い籠のなかにいるのが耐えられなくなり、長い靴を履いてできる限り自分の足でぬかるむ道を進んでいくことにした。十時には草や低木のために道も不確かになって、駕籠では通れないので、こうなるとほかの仲間も駕籠から降りざるを得なくなった。

いよいよ本格的な山登りになったが、道がぬかるんでいてとても骨が折れた。風雨はそれまでよりも弱まったが、代わりに霧雨が同じくらいひどく私たちを濡らした。渡渉しなければならない湿地もたくさんあり、靴は濡れたスポンジのようになった。地面はようやく粘土質から岩へと変わったが、注意して登っていかねばならなかった。山の上のほうは厚い雲に隠れていて、どれくらいの高さか見当がつかなかった。しかしこれは幸いだったともいえる。というのも、そうでなければ父さんはおそらくこれほど高くまで登ることには反対していただろう。一人また一人と、先を行く案内役から遅れを取り始め、やがて父さんとイギリス領事も、私とメクレンブルク紳士のかなり後方をついてくるかたちとなった。

しばらくすると、メクレンブルク紳士も息を切らすようになった。案内役は、こうした私たちの様子をもう何度もあきれたように微笑みながら振り向いていた。私はこれまでの経験から、山登りではたいての日本人には負けないとよくわかっていたので、この際、目にものを見せてやれと思い一団の先頭に出ると、それから二時間もしないうちに案内役のうちの二人がへたばって座り込んでしまい、私についてくるのは一人だけという、私にとっては、してやったりの状態となった。その残りの一人は私の後をハアハア言いながらついてきたが、一番高いところに着いたところで私の上着の袖をしっかりつかみ、普通の呼吸に戻るまでに数分間が必要だった。靴の底が、すねに当てた革靴からほとんどはずれかけて、今にも落ちそうになっていたので、私が山登りの際にはいつも携帯している丈夫な紐を使って、両方をしっかりと絞め直した。

その後、ようやく周囲に目をやった。雲が厚くて、十歩先さえ見えない。私がハローと大声で叫ぶと、下のほうから返事が聞こえてきた。そこでは、私の仲間たちがまだ頂きを目指して必死に登っていたのだ。このあたりの植生は、まさにアルプス地方と似かよっていた。小さなカラマツやモミ、シャクナゲや、これまで日本では見たことがない、たくさんの赤や青や白の花が私の立っている頂きを覆っていた。

空気はとても薄く、きつい山登りの後だったがとても涼しく感じた。かなり震えさえした。草には霜が降りていた。山の標高はせいぜい高くても約九千フィートといったところだろう。測定する機器がないので、正確にはわからなかったが、この後ほかのあまり高くない山に登った時には機器を持っていったので、そこから推測するとその程度と思われた。

今度は急な下り道だ。左手にある急峻な谷を見るとめまいがしそうだった。硫黄臭の熱い蒸気が、ごうごうと響く音とともに上がってきたので、いよいよ目的の場所だとわかった。もう数歩下って、ヨーロッパではほとんど見られないような光景にたどり着いた。

がっしりと重なり合う岩石の間から、沸騰した黄緑色の液体がシューシューと音を立てて流れ出ていた。あたりには熱い蒸気が充満し、大きな岩石の周りには黄色い硫黄のかたまりが漂っていた。そびえ立つ岩山がつくる狭い谷あいで、暗灰色の厚いもやに包まれて、さらには雲のかたまりが遠望を妨げている。そのような中に自分が身を置いていることを考えると、私の前に広がる風景は、全体のほんの一部にすぎないのではないかと思えた。

岩から岩へピョンと飛びながら、私たちは三十フィートにも及ぶ広い硫黄の流れを横切った。熱く沸き立つ蒸気で呼吸がとても苦しかったので、流れの反対側にたどり着いた時にはほっとした。そしてまた登り道を進んだ。

先ほど渡ってきた反対側には蒸気が緩く流れて吹きつけていたが、私たちは蒸気に直接晒されるあたりから次第に離れていった。百フィートほど登っていくと、粗末な小屋にたどり着いた。ここでひと休みだ。薄い筵が壁の代わりに掛けられていたが、こんな風が弱い時でも風除けとしてはほとんど役に立ってはいなかった。屋根には藁が積まれ、床ときたら何も敷かれていないにひとしく、湿っていて随分ひんやりとした。

このひどく素朴な小屋の真ん中には、大きな火が焚かれていた。その周りには何人かの老婆と、四、五名の裸身の湯治客がしゃがみこんでいた。客たちは五分ごとに小屋の外にある湯だまりに入っては、流れてくる熱い温泉を体に浴びていた。

私は、まず何よりも、床に敷くための筵を何枚か頼み、焚き火のそばに行ってその上に身を横たえて、ずぶぬれの服を乾かしながら手足を温めた。私が大きな薪を火にくべると、心地よい温かさが広がってきた。濡れた服から蒸気がもうもうと立った。

老婆たちはまだずっと私のことを見つめ続けて、お互い方言でしゃべっていた。私には一言もわからない。後で聞いた話では、その方言は何百年も前に書かれた書物にしかないような古いもので、今では山奥の人里はなれた何軒かの人たちだけが話したり理解したりできるものだそうだ。

ここにこれまで足を踏み入れた西洋人はいなかったのだ。摩訶不思議な、この世のものとは思われないこの熱い泉を見たのは、日本人以外にはいなかったのだ。私は初めての外国人としてここにたたずんで、この奇観を眺めているのだ。私には思いにふける時間が十分にあった。というのも、後から来る連中がここにたどり着く音が聞こえたのは、ようやく半時間あまりしてからだったのだ。父さんの到着はそれよりまだ遅く、携帯食を持っている従者もまだ来ていなかった。そこで私たちは煙草に火をつけて一服して待った。

眼前に広がる光景をうまく言葉で表わすことは、イギリス領事にとってもメクレンブルク紳士にとっても無理なことだった。そのため、メクレンブルク紳士が何度も口にした「おとぎの世界のよう」という表現でとりあえず間に合わせるしかなかった。

荒い息づかいと咳の音が遠くからして、いよいよ我らが父さんが着いたのだと分かった。そして待ちに待った携帯食も着いた。

父さんはすぐさま焚き火に向かって上着と靴下を乾かそうとした。が、それは無理だった。焚き火の周りには湯治客がたくさん座っていて、父さんがお願いしても場所を空けてやろうとする気配がなかったのだ。

父さんを哀れに思ったメクレンブルク紳士がようやく、しかし自分の場所を譲るのではなく、お願いする手振りを何度も繰り返して裸身のほかの客たちに有無も言わさず焚き火のそばの場所を空けさせた。

空腹がおさまり、疲れもとれた。父さんはもう歩けないと言っていたが、私が持ってこさせた格子柄の肩掛けを渡してあげるとようやく元気が出て、ともに帰り道を行くことにした。私は空いた瓶に硫黄と熱い鉱水を入れたが、その時に、鉱水の臭いと味がそれぞれ異なっていることから、それらが成分の違う三つの別々の源泉から流れ出ていることがわかった。

鉱水の温度はおよそ列氏〔レオミュール度／水の凝固点を零度、沸点を八十度とした温度の計測単位〕四十度から四十五度のようだった。しかし、一番大きな源流は数百フィートは離れた山の高いところにあり、私たちがいるところからはかなり離れているとのことだった。もっと近くに行って調べるには時間がかかるし、しかも、私がここに着いてすぐに探ってみたところからすると、源流へと向かう道は岩がごつごつしていて歩きづらかった。そこで、源流に関しては地元の人たちから話を聞くにとどめた。私たちの目の前にあるのは、地面から噴き出している比較的小さな三つの熱い源泉だった。

ふと、遠くで水が流れ落ちる音が聞こえ、谷あいから厚いもやが高く昇っていくのが見えた。おそらく、川が大きな滝となって落ちているのだろう。自分たちの清らかな浴泉がよそ者の好奇の目からできるかぎり見えないようにと、悪戯好きの山の妖精《コボルト》たちがすべてを厚いもやで隠してしまったのだ。信心深いこの地の人たちは、山の精霊たちはいつも暗闇のなか浴泉で体を清めている、ということを疑っていない。地元の人々は、ほかにもまだ精霊に関する興味深い話をたくさん知っていた。しかし、案内役の役人の一人がそれを新潟の言葉にして私に教えてくれても、残念なことに私には話の半分しかわからなかった。私が理解できる日常会話の日本語の範囲を超えていたのだ。一方イギリス領事はもう何年も前から日本語の習得を義務づけられていた人物なので、何らかの参考にと、こうした興味深い話をたくさんメモしていた。

登りとは比較にならないほどの速さで山を下り、夕方五時頃には駕籠を待たせていた場所に着いた。私たちはとても疲れていたのですぐに駕籠に乗りこんで、クーリーたちに駕籠を運ばせた。駕籠のなかは決して心地よいものではなかった。服はびしょ濡れで、なかに置いてあった毛布でかろうじて体を温めた。その上、夕闇がまたたく間に迫ってきた。だが、人里離れたこのあたりではランプなどの灯りを恵んでもらうことも叶わなかった。駕籠をかついでいたクーリーたちは、私たちを乗せたままで何度も転んだ。やがて、壊れかけた掘立小屋をようやく見つけたので、そこの板を切って松明にし、たよりないその灯りで道を進み続けた。

何度も危険な目にあって、十時にようやく宿にたどり着いた時にはヘトヘトだった。温かい風呂が準備できていたので、まずはそこでくつろぐことにした。

風呂に入るとすぐ、宿の十八歳くらいの可愛い娘が、背中を流しましょうか、と声をかけて、遠慮なく中に入ってきた。私たちにはこのような習慣はないのだが、ここではこれが大切なお客をもてなす当然の心遣いとされているのだ。この誘いに対して、言うまでもなく私は手振りで丁重に断った。後でほかの仲間から聞いたところ、彼らに対しても同じような誘いがあったようだ。彼らが私と同じようにその誘いを断ったのかどうか、それをここで明らかにするのはやめておこう。

（六月二十六日：第十一日、猪苗代から大塩へ）

強行軍の翌日の朝は、むろん起きるのが遅くなった。ようやく七時に出発の準備ができた。

私たちは、村の有力者の要望に応じて、昨日見たあの驚異の光景を大きな紙に何枚か描き、お土産として彼らと宿の人たちに渡した（宿ではすぐにそれを絵として壁に飾った）。

やがて外へ出て歩き始めた。足にはマメができていて、靴もひどい状態だったが、今日は磐梯山に登りたかった。しかし、案内役たちはこれに強く反対し、私の仲間も一人また一人と案内役に同調していった。磐梯山へは踏みならされた道はないという話だし、ところどころ通行がまったく不能になっていて、しかも地面は昨日の雨で滑りやすいので、こんな時に山頂を目指すなど考えられない、というのだ。しかも、山頂は厚い雲が覆っていて、よしんば雨が降らなくても眺望は期待できないだろう、という。結局のところ、昨日の旅でもうこりごりしたので山登りする気など失せてしまった、というのが本心であるようだ。山道を案内してくれる者がいないのなら仕方がないことなので、やむを得ず磐梯山には登らずに先を進むことになった。

途中、広々とした平原を抜けたが、特に気を引くようなものはなく、夕方五時半には大塩という山あいにたたずむ村に着いた。ここで宿をとることにした。

宿の脇には小川が流れていた。その小川のすぐ前のほうに穴が三つ開いていて、そこから熱い塩水が湧き出ていた。近くの小屋では、その塩水を蒸発させてイギリスの食卓塩にも匹敵するような質のいい、雪のように白い塩を作っていた。ここで作られる塩の量はほんのわずかで、このあたりで必要な分さえ賄えてはいない。父さんは首を傾け、

「どうして、きちんとこのあたり全体を利用した製塩所をつくるための投資をしないのだろう。どうしてこの程度の作り方でずっと今まで満足しているのだろう」

と横目で私たちを見やり、

「賢いやり方というのは庶民たちが考えつくのを待つのでなく、上の人間たちが率先して教えてあげなくてはいけない。それが欠けているんだ。まともな政治が行われているなら、こんなことはないよ」

と言った。この国の現状を知っている者なら、まさに父さんの言うことがうなずける。

これまでのほかの採取物の標本に加えるため、黄色味を帯びた塩水を瓶に詰めて何本か持った。

(六月二十七日：第十二日、米沢に入る)

次の日、ぐっすりと眠れたので元気をすっかり回復して、さらに旅行を続けた。道は宿からすぐに上り坂になった。以前に記した晴雨計を見てみると、二八・五五インチだった気圧が、山の上にたどり着くと二五・八〇インチにまで下がった。この峠のほか低い峠を四つ越え、大いに汗をかいた。しかし、そのおかげでまたも素晴らしい景色を眺めることができた。まだ山道を抜けきらないうちに、綱木という村で昼食をとった。こうして美しき会津を離れ、米沢侯の領地へと下って行った。

やがて広い平地に出た。稲、亜麻、人参が植えられていた。茶樹もあったが、もっぱら国内向けのようだ。米沢は蚕糸の世界ではよく知られている町だ。町の主産品といえば蚕卵紙で、現在、米沢の蚕種はヨーロッパの養蚕に使うには最高のものとみなされていた。桑園のほか、多くの家屋の前に養蚕用の籠があったことからも、この地で蚕糸業が盛んなことが見てとれた。籠は、並べて乾燥させているものもあれば、出来上がった繭がたくさん入っているものもあった。なかには蚕が繭を破ってしまっていて製糸用には使えなくなったものもたくさん見た。これ以上語るのはやめておくが、そうした観察をしながら、私たちは幅十五フィートくらいの両脇にところどころ植林がほどこされた道をしばらく進み、夕方六時には米沢の中心の町に着いた。

到着するとまもなく、米沢侯が藩の重職者を遣わしてきて、米沢に来たことを歓迎すると私たちに述べて、土産物として木の実と卵とニワトリを差し出した。重職者が敬意を表したのは、もちろん私たち平民ではなくイギリス領事とオランダ領事に対してだった。イギリス領事がこの言葉に応じた。ところがそのあいだ、父さんはいつも地位の高い人に向かってそうしているように、日本式のお辞儀をしたのだが、そのお辞儀というのが、額を床にこすりつけてお尻を高く浮き上がらせてしまうものだった。その様子はひどくぎこちなかった。私たち西洋人からすれば卑屈な姿勢なのだが、これには笑い声を発するのを押し殺すことができなかった。重職者はなおも儀礼的な言葉を交わし、私たちからの返礼としてシャンパンを何本か受け取るとその場を立ち去った。

その後で私たちは、あんな見苦しい屈従的なお辞儀をするのはどんなものか、と父さんを非難したのだが、父さんは、郷に入れば郷に従え、自分たちは日本に住んでいるのだから、日本の通常のしきたりに従わなければならない、と言って考えを曲げなかった。

（六月二十八日：第十三日、米沢から小出へ）

次の日、朝のニワトリの鳴き声が聞こえるとすぐに、「起床！」といういつもの掛け声がして、皆、寝床から跳び上がった。誰もすっかり早起きには慣れてしまって、まもなく出発の支度ができた。

私たちは、人がたくさんいるこの大きな町を駕籠で抜けていくことにした。そうでないと、何千という人たちが私たちの行列を見物するために群がってくるからだ。

まるで野生動物のように好奇の目に晒されてしまうのは気分がよくない。
通りでは士族を多く見かけ、町の中心には商人が少ないようだった。その一方で、女性がその分だけ目に付いた。通りの脇のほうでは店の手代や、氷や果物の物売りなどが大勢集まっていた。その後方の庇《ひさし》の下から、身なりのよい娘や女たちがこちらを向いてクスクスと笑っていた。あちらでもこちらでも、「ひげ面の野蛮人」（私たち西洋人はかつてそう呼ばれていた）を何とかちょっとでも見ようとしているのだ。

やがてようやく長く連なった街並みが過ぎ去ったので、自分たちの足で歩いていくことにした。ずっと平野が続いた。桑の木がたくさんあるのはもちろんだが、そのほかにも稲や豆、大麦、小麦、サフランが地面を覆っていた。アブラナはちょうど刈り取られているところで、たくさんの人たちが集めて積み重ねていた。大麦や小麦は、収穫まではまだ時間があった。

正午頃には盆地が終わり、ふたたび三百フィートか五百フィートほどの高さのなだらかな丘を越える道に入った。午後五時頃、蚕糸業の主要な町である小出に着いた。午後は、普通の幼虫の蚕や、蛾になりかけている蚕、それにごく良質の繭などを見学しながら過ごした。私たちは皆とても興味をそそられた。二化性品種〔年に二回孵化する蚕種〕の量が多く見込まれる一方、昨年たくさん売られた一化性品種は少ないようだった。

どうやらここで作られているのは、絹織物ではなくて蚕種と生糸に限られているようだった。ずっと長いあいだ、非常に昔ながらの糸繰り機が使われていた。ここより南の地方でも、ずっと同じようなものだったが、いくらか改善されてはいる。しかし、まだとても十分と言えるものではなかった。それに、二重にからまった繭も多かった。これも昔ながらの生産方法のためで、平らに並べた藁の上で繭を作らせているためだった。

こうした見学をしているうちに随分と遅くなった。夕食をとった後はすぐに横になった。ところがすぐには休まらなかった。玄関の戸がひっきりなしに開け閉めされて、そのたびに戸のゴロゴロときしむ音が近くに聞こえて、とても寝付けないのだった。私たちは一つの部屋に集まって横に並んで寝ていた。蚊の大群が押し寄せるものの空気がなま暖かいので、寝着をあまり付けずにほとんど裸身で夜着の上に体を横たえていた。

こうして寝付けないまま、もう一時間もたった。相変わらず玄関の戸の音がして、階段を上り下りする下駄の音まで聞こえてきた。さらには隣りの部屋でささやき合う声やクスクス笑う声がひっきりなしに聞こえてきた。行灯のほのかな光をあてにまわりを見回すと、父さんのほかは皆、目が覚めているようだった。私はもはや我慢できなくなり、思い切り大きな声で日本語で

「静カニシロ！」

と怒鳴った。すると隣りから急いでごそごそと逃げ出す音がした。

オランダ領事が寝床から飛び出て戸を開けた。隣りの部屋を見ると、何とそこには女たちがたくさんいて、驚いて大きな叫び声を上げていた。また、あわてて玄関の戸を開ける音や、大きな笑い声も聞こえてきた。私は少し前からそうではないかと思っていたのだが、どうやら夜着に身を包んだ珍しい客人である私たちを木戸銭やら何やらを取って見せ物にしていたのだ。父さんはまだ毛布の端をひっぱって掛

け直していた。しかし、この父さん以外の私たちは、ここで白黒はっきりさせておかねばと考え、とりわけイギリス領事はこの出来事について即座に厳しく詰問し始めたが、結局、事の真相はわからなかった。私たちの案内役も米沢侯がつけてくれた随行者も、何も知らなかったと言い張って、上役には決してこの出来事を言わないでほしい、と懇願してきた。

さて、ようやく静けさが戻り、私たちはいよいよすぐに眠りにつくことができた。たった今しがた起きた出来事も、夢のなかのことのように思えた。

（六月二十九日：第十四日、小出から市野々へ）

次の日の出発前、地元の商人たちが麻布や生糸の見本品を持ってたくさんやってきた。この商人たちに対して私は、これまで旅の途中で会ったほかの商人たちと同じように、もしまとまった取引をしたいのであれば、後で新潟に来るように、と勧めた。私はここで買い付けをする時間も、その気もなかった。それに、これら商人は、西洋人が自分たちの土地に来て商売をしているとなると法外な売り値を付けるので、実際に取引が成立する可能性はまったくない。その一方で、取引をきっぱり拒絶してしまえば、何とか売り付けようと必死になるのだ。嬉しいことに、こうした商人たちの多くは後で新潟にやってきたので、私のこのやり方は間違っていなかったといえるだろう。

朝六時に出発した。小出の町がある小さな盆地を抜け、やがてまた山あいに入った。白子沢という山の小さな村で昼食をとり、市野々で宿をとった。市野々は、高い山に囲まれた美しい村だった。

（六月三十日：第十五日、市野々から一気に中条へ）

翌日は早くからさらに歩を進め、まもなく米沢の山々を後にした。そして越後の平野を目指して下っていった。

朝のうちは軽い霧雨だったが、しばらくして天気は回復し、昼には雲の切れ間から太陽が輝いてきた。山は少しずつ低くなり、平野に近づいてきた。大小いくつもの集落を通った。そのうちの一つの村の近くでは、ずっと以前に泉を掘ったところ、硫黄泉が噴き出し、現在では、そこを温泉として地元の人々がみな利用していた。その温泉は、小川の一つの近くに直径およそ十五フィートのくぼみを掘って、そこに硫黄を含んだ温水を流し込んでいるものだった。温水の流れはとてもゆるやかだった。また、近くの小川から硫黄の温泉へと筒を通していて、川の冷たい水で硫黄の温水を冷ますことができるようになっていた。また、性別や年齢にかかわらず誰でも体の大きさに合わせて何分間か温泉に胸までつかれるよう、温泉をためたくぼみの側面を階段状にしていた。

温泉全体が汚れた感じがして、しかも湯浴している人たちが粗野で厚かましい態度だったせいもあって、よい印象ではなかった。そのためイギリス領事が、先を急ごう、と提案してくれたのはありがたかった。

実は、ここまでまだ記していなかったのだが、新潟から私たちに便りが届いていたのだ。そこには、港に何隻か船が入ってきたことと、陸路で新潟へ来た訪問者が待っていることの二つが告げられていた。それで、私たちは予定していた行動をいくつか取りやめて、できるだけ早く新潟へ戻ることにしたのだ。

私たちの目の前には、ふたたび砂地が広がっていた。しばらく固い地面に慣れていた足が、砂のゆるい道に足をとられてしまう。そこで、壮健なクーリーたちに駕籠をかつがせてかなり先を急がせた。

宿泊を予定していた黒川という小さな町に着いた時には、あたりは暗くなっていた。越後に入ってから出会った人たちはたいていあまり親切ではなかったが、ここでは町の役人らがごく丁重に私たちを迎えてくれた。道は灯火で照らされたし、至るところで番をしている役人たちが、物珍しそうに眺める住民たちを私たちから遠ざけてくれていた。私たちが通る道筋には清めのしるしに砂が地面にまかれており、私たち一行、というよりも領事に対する敬意が十分に示されていた。

しかし、ようやく宿の前に着いた時、いやな知らせが届いた。イギリス領事が、一つ先の町で泊まろうと考え直し、今しがたここを通り過ぎてしまったというのだ。そこで私たちは闇夜のなかをさらに先に進んでいき、深夜になってようやく急遽宿泊地に指定された中条という町に着いた。そして、そこでようやく先に行っていたイギリス領事を見つけた。

この日は朝五時からずっと旅を続けてきたので、もはや気分も冴えず、すぐさま眠り込んだ。私たちは大砲が鳴っても起きはしなかっただろう。なにしろ徒歩と駕籠で一日十二ドイツマイルも進んだのだ。これは信じられないほどの距離で、日頃歩き慣れている者でもほとんど考えられないことだ。クーリーたちは十五分ごとに交代して駕籠をかつぎ、健脚者が一緒に歩いても追いつけないような驚くほどの速さで私たちを運んだ。もちろんこれは平地だからできることだ。丘陵地や山地であればもっとずっと遅かっただろう。

（七月一日：第十六日、新潟の日常への帰還）

翌朝、中条を発ち、阿賀野川支流の川岸にある真野まで進んだ。ここで私たちが乗る船の用意ができていた。川を下っていき、阿賀野川本流の河口近くを横切って、さらに狭い運河を通って信濃川に入った。そしてようやく船着き場に着いた。

こうして私たちは新潟に戻った。見なれた運上所の係員たちが親しげに笑いかける顔、しつけの悪い子どもたちが通りでけんかする声、野良犬たちの癇にさわる吠え声。つまり、私たちがここを出発する前と同じ光景が目の前にあった。ただ、こうしたものすべてを冷めた目で見ていた。

ああ、美しい会津と米沢の山々よ。新緑の森、静寂な湖岸、山々の頂き。日常のすべての憂いから逃れて、こうした新鮮で自由な世界を旅したことは、何と素晴らしいことだろう。

退屈な日常が戻ってくると、興奮した体験の後の空白感が、必ずや心のなかにポカリと生じてしまう。その空白感をとにかく何かで埋めてしまおうと、新潟に戻った最初の晩は皆で私の家で過ごした。

やがて私の友人たちは横浜へと旅立った。私はなごり惜しい気持ちで彼らをしぶしぶ見送った。一緒に過ごした楽しい日々で生まれた連帯感が、突如また引き裂かれてしまったのだった。

彼らは、陸路で横浜へ行く許可を得ることができた最後の旅行者となった。狭量な日本政府の役人たちは、国土全体を自由に旅行できるようにすることを拒否し続けており、一方で列強諸国の外交官は、自分たちの特権を同国人全体に与えようとしない。このことが、同国人のあいだでの外交官という者に対する評判を芳しくないものにしているのだ。公使だけが、日本国内の諸侯と同じように国内どこでも移動することができる。これが、専制と隷属とが支配するこの国のありさまだ。

最後の障壁ともいえるこの事態がやがて消え去って、この国にもっと賢明な考えが行きわたることを私は望んでいる。自由な往来こそが、国民の教育と福祉を増進させ、封建主義による国家統治をやがて不可能にするものなのだ。

美しき豊かな日本という国に、自由な往来の恩恵に浴する日がまもなく来ることを、私は望んでいる。

考察編——旅の周辺

考察編において引用扱いとした史料は、原文の意味を損なわないように配慮しながら、一般に読みやすいよう修正を加えてある。〔　〕は筆者が補足したものである。

年月日の記載に関しては、トゥループとウェーバーの旅行記録に合わせて西暦を基本とするが、考察では日本側史料も扱うことから、そうした箇所を中心に、当時日本で用いられていた旧暦も併せて用いている。

考察一 ― 旅立ちをめぐる異説

ここまでの史料編で、トゥループとウェーバーの二つの旅行記録をお読みになっていかがだったでしょうか。二つがとても対照的、という印象があったのではないでしょうか。トゥループの報告は職務上のものですので、当然ながら内容には正確を期したことでしょう。調査事項の淡々とした報告に終始しています。一方のウェーバーは、旅の印象を感情豊かに、自由に物語っています。とはいえ、その旅程はトゥループと一致しています。大筋では信頼のおける記録とみなすことができそうです。双方がうまく補完しあい、この旅行の様子について様々なことを語りかけてきてくれます。

旅の目的について、トゥループは報告書の前書きで、「先般の調査はオランダ副領事及びほか三名の紳士と一緒でした」と記しています。彼にとって、この旅は職務としての資源調査でした。そしてまた、旅の同行者はトゥループ自身を含めて全部で五名でした。
一方、気ままな雰囲気のウェーバーの紀行文にも、ウェーバー自身のほかイギリス領事（トゥループ）と新潟オランダ副領事、それにJ氏（途中から「スイス紳士」または「父さん」）、G氏（途中から「メクレンブルク紳士」）が登場します。すると、旅の道づれが五名であったことでトゥループとウェーバーの叙述は一致します。その五名のうち、ウェーバーが記す横浜居留で彼と顔なじみのJ氏とG氏は、今のところイニシャルのみで匿名です。では具体的には誰なのか。気になるところですが、その正体を探るのは、とりあえず後回しにしておきましょう。

ウェーバーが描いた出発前のいきさつによれば、彼らが連れだって会津と米沢を旅するというアイデアは、J氏とG氏の二人が新潟に着いた、その日の歓談のなかで出された、ということでした。そして、トゥループが県知事に談判して了解を得た、ということです。紀行文からは、いかにも自然に旅立ちが発意され、平穏に許可を取りつけて旅立ったかのような印象を受けます。

しかし、諸外国との条約上、日本内地を自由に旅行できる外国人は外交使節、つまり各国公使に限る、というのがこの頃の原則でした。一般の外国人は我が国政府からの特別な許可が必要でした。日本が特に用心していたのは、内地において外国人に商業活動をさせない、ということですので、その商人を含めた気ままな旅など、そう簡単に許可を望めるものではなかったはずです。もはや戊辰戦争のドサクサの時期ではありません。ウェーバーの叙述には、実はかなり不自然な感じが漂います。その不自然さは、周辺史料を確認するとさらに増幅します。

旅立ちの事情について、『稿本新潟県史』には新潟県と外務省との二回の書簡のやりとりが記録されています。ここで描かれている経緯は、ウェーバーのものとはずいぶん異なります。この地元史料によれば、旅立ちの前日である一八七〇年六月十五日（明治三年五月十七日）、新潟に駐在する三名の外国領事がこぞって県庁に押しかけて、有無を言わせず旅の許可を強要した、というのです。新潟県は外務省に対して次のように報告しています。

去る〔明治三年〕五月十七日、イギリス、プロシア、オランダの三か国の領事が県庁を訪問した。用件は、イギリスとオランダの領事が米沢と会津を旅行したいとのことであった。当方では、遊歩規程はまだ国に伺い中であり県内旅行でさえ認めるのは困難なのに、県外まで旅行するとはどのような緊急の用があるのか、と考えたが、まず協議を行うことになった。先方が言うには、開港以来、新潟港の貿易が進展していないのは、新潟の上流に位置する地域が疲弊しているからではないか、と推察し、一度実際に現地を検分して将来展望を見極めたい、とのことだった。居留商人の私的な旅行とは違い、強いて差し止めるのも如何かと考え、取締官員を同行させることとして、一行は今月十九日に出発したところである。以上、報告申し上げる。

明治三年五月、新潟県より外務省へ

※ここでは五名一行が新潟を出たのは明治三年五月十九日とされているが、トゥループとウェーバーの記録によれば、一行はその前日（明治三年五月十八日）に新潟を出発したとされている。

外国人による内地旅行に関しては、本来は事前に外務省に伺うべきであるが、三か国の領事から申し出を受けたのが直前だったので、疑義を抱きつつもやむを得ず許可してしまった、ということなのでした。

ここで出てくる遊歩規程とは、開港場ごとに、居留する外国人がその周辺で自由に行き来できる区域を定めるものです。一般には開港場の十里四方（約四十キロメートル）とされていましたが、新潟の場合、この範囲内に政府直轄地と各藩領とが複雑に入り組んでおり、加えて山、川など地形面の制約もあったため、この時点ではまだ日本側と諸外国とのあいだで具体的な範囲を定める協議を行っているところでした。

新潟県からの事後報告に対して、外務省は不承不承ながらも了解を与えました。

本件はすでに終わったことなので、敢えて事の是非は問わない。しかし今後は……緊急の用件で遊歩規程外の地域へ旅行する要請を受けた際には、その詳細な次第を当該国の公使を通じて本省宛てに申し出るよう取り計られたい。
明治三年五月　外務省より新潟県へ

この段階では、旅行するのは一国の領事らなので、事前に伺いを立ててもらえば、外務省としては十分にその意向に配慮したはずなのに、といった雰囲気です。県庁は、新潟から会津へ向かう外国人のなかには居留商人もいる、ということを隠しています。

しかし、この報告漏れがやがて外務省に伝わったようです。商人が同行したらしい、ということが国に知られてしまった経緯は、史料からはわかりません。『稿本新潟県史』に残る記録は、両者のやりとりの断片のようです。

なにしろ、ウェーバーが記すところによれば、一行は、新潟出発時はもちろん、旅の先々で藩や県の役人たちの護衛を受けています。野沢では堂々と本陣らしきところを宿として手当てされています。若松では知事と面会さえしています。立派な賓客です。新潟からの旅立ちの場面では、本人たちのほか、案内役の官員、それに駕籠や荷物・食料を運ぶ苦力（クーリー）たちを加えれば、総勢で六十名以上になる勘定です。この大所帯の一団の詳しいことが素早く国へ伝わったとしても不思議ではないでしょう。

さて、二回目の新潟県と外務省とのやりとりは、新潟県の弁明から始まります。書簡の日付は明治三年六月十二日（一八七〇年七月十日）ですから、すでに一行は新潟に帰着しています。しかし役所筋ではまだもめていました。

外国人が公用にこと寄せて陸路旅行を行った件につき報告する。その後、公務で東京横浜などへの旅行を希望する場合には、領事から書面をもって協議を行うよう了解いただきたい旨、指示どおり各国領事と面談して伝えた。ところが先方は当方の発言をさえぎり、新潟は海路遠き地であり、横浜へ直行する外国船はいたって少なく、しかも港の出入りができなくなることもしばしばで、陸路旅行を差し止められては公務への差し支えが少なくない、と主張した。事実、三、四倍もかかる船便の運賃を払うより陸路旅行のほうが金銭的負担も軽く、また日程の目途も立つので、県としても、そのほうが外国領事らにはよほど便利であると考える。また、公用であるとの中立てが偽りではないかと疑われるとしても、前述の通り、そもそも新潟は海路遠き地で船便がなきに等しく、急用があると主張して願い出たものを無碍には拒絶しがたい。このたびは英国領事の要請を是として陸路旅行を了承した。もっとも、当方としても護送官員の手当など多少の経費がかかるので困惑している。冬から早春にかけて海路が途絶える当地は、他港と同じ取扱とはいかない。ついては、今後は在留の領事を除いて一般護送にかかる費用を負担してもらうことを各公使に伝え、その旨を公使から領事へ通達するようお願いしたい。

明治三年六月十二日　新潟県より外務省へ

新潟県庁は、当港に限っては在留領事の内地旅行を例外的に緩やかに扱ってはどうか、と提案したのでした。しかし、外務省はこの提案を厳しくはねつけます。

各国との条約によれば、外交使節以外には内地旅行が認められないことになっている。たとえ公用で東京横浜へ赴く際でも、開港場の一存で認める筋合いのものではない。領事・商人の区別なく、条約より人情を優先させては外国との交際の基本が損なわれる。条約に基づいて商人を取り締まるのは領事の職務である。新潟は海陸の交通が不便なことは条約諸国も承知の上で開港となったのである。それでも問題があるというなら、それは条約そのものに影響する話である。領事から自国の公使に申し立て、開港場からは当省に申し出て、政府の許可を受けるのでなければ、断じてこれを認めてはならない。

明治三年六月二十八日　外務省より新潟県へ

およそ一年後の一八七一年九月（明治四年七月）、明治政府は廃藩置県を断行し中央集権の行政体制を確立します。それ以前、政府からの正式な許可がないのに、新潟県・村松藩・若松県津川局・若松県・米沢藩と、順に護衛を受け、滞りなく進んだらしい彼らの旅は、中央による統制がまだ緩く、しかも江戸時代以来の宿駅の仕組みが温存されていた、狭間のような時代であったからこそ実現したものであったといえます。

それにしても、領事らが旅の前々日に県庁を訪れて旅立ちの了解を強要した、という『稿本新潟県史』の記録もまた、はたしてそのまま信用してよいものでしょうか。この記録のなかの県庁も、当初外務省に隠しごとをするなど、少々怪しい感じです。新潟県と外務省との一回目のやりとりで、当時新潟に駐在していた外国領事が三名ともそろって県に談判したとなれば、この三名に応対するのは通常なら知事本人のはずです。ところがこのやりとりには、県側応対者の具体名が一切出てきません。もっとも、当時の県知事は公卿出身の三条西公允《きんあえ》で、実質的な政務のほとんどは、その下の大参事である本野盛亭《もりみち》が執っていたようです。すると、一行の出発直前には、知事、大参事ともに新潟を不在にしていたのかもしれません。責任のある立場の役人が対応していれば、居留商人を伴った遊歩区域外への周遊旅行をこれほどあっけなく見逃がしてはいなかったのではないかと考えられます。

ウェーバーの紀行文では、旅に出ると思い立った後、数日間は忙しく準備をし、旅立つ数日前にはすでにトゥループが県知事から了解を取りつけていた、とあります。確かに、これだけの長い旅には相応の準備期間が必要でしょう。すると、自分たちは周到に準備を進めつつ、新潟当局には後で伝えさえすればよい、とタカをくくっていたのでしょうか。それで、幹部が不在の新潟県庁を直前に訪れて、ひとこと言い置いた、ということなのかもしれません。

ウェーバーが記す経緯と、『稿本新潟県史』の記録との関係をどう解釈すべきか、少し釈然としないものが残る気がします。

もっとも、どのような経緯が事実であるにせよ、五名の旅は、どうやら日本政府の正式な許可を得ていない、いわば「ビザなし旅行」だったようです。そして、その旅立ちをみすみす見逃して、国へは事後報告の弁明で済ませようとした新潟県庁は、その失態を国から叱責されてしまった、というわけです。

考察二―トゥループにとっての旅

トゥループの調査報告書を読むと、訪れた各地の産物や天然資源など、彼の関心の対象の広さに驚かされます。報告の対象になったものは、産物としては養蚕・アブラナ・煙草・茶・漆木・人参・小麦・大麦・米・麻など、天然資源としては石油・石炭・天然ガス・山塩・金・銀・銅・鉛・硫黄、さらには大理石・花崗岩・石灰岩にまで及びます。津川から野沢までの道すじなどでは砂岩まで観察しています。山奥の砂岩を見つけてイギリスが何をしようとしているのでしょう。とにかく細かい、と私には感じられます。

しかし、この地方の産物・資源に対するイギリスの関心は、この旅の時点に始まったものではありません。少し時をさかのぼってたどってみましょう。イギリス外務省文書で詳細が確認できます。

一八六九年一月に新潟が正式に開港すると、外国人として最初にこの地を訪れたのはイギリスの領事フレデリック・ラウダー（Frederic Lowder）でした。ラウダーは、新潟の開港事務を担当する明治政府の官員に東京から伴われ、二月十日に来港しました。この時、新潟には本来あるはずの「新潟府」がまだ設置されておらず、越後の政府直轄地支配の責任者は長岡にいました。ほとんどの新潟の人々は、自分の港が外国貿易に開かれたことさえ知らなかったはずです。

ラウダーは、こうした政治、あるいは経済の混乱に翻弄されつつ、領事館の立ち上げ業務に携わりました。当初仮住まいをしていた市内の勝楽寺を、当面の領事館としてそのまま使い続けることが決まったのは三月下旬でした。県庁の仲立ちで賃貸借契約が結ばれることになりました。

さて、少し足元が落ち着いてきたこの頃から、ラウダーはようやく管内事情の調査に着手しました。イギリス外務省文書のなかには、産物・資源に関して彼が行った公使館への具体的な報告が二つだけ残っています。

一つは、四月十五日付の会津地方の生産力に関する報告です。これは鉱山そのほか産物の産出量または額を示した表、及び主な鉱山名を羅列したリスト（表2）で

表2　新潟イギリス領事による会津の産物資源報告

会津の生産力

銅（南山鉱山）	625,000ピクル	
〃（その他の鉱山）	81,250ピクル	
計	706,250ピクル	
人参	10,000ピクル	500,000両
植物油脂	625,000ピクル	
漆器		30,000両
磁器		10,000両
金・銀・鉛	不明	

上記の合計　年間の生産力　3,000,000両

会津の鉱山

Akaba　赤羽？	銅、金
Choshiniwa　銚子庭？	銅
Iku mayama　？山	鉛
Itategasawa　？ヶ沢	鉛
Kio Kuzure　？崩れ	鉛
Ubasawa　姥沢	銅
Benisawa　紅沢	鉛
Ogurisawa　小栗沢	鉛
Akaiwa　赤岩	銅
Iwashita　岩下	銅
Nakano　中野	鉛
Karuizawa　軽井沢	銀
Ishigamori　石ヶ森	金

す。何らかの文献からの引き写しでしょうか。ラウダー自身による解説や分析は加えられておらず、文献調査だとしても少し中途半端な感じがします。しかし、初代の領事である彼の最初の管内産業報告が、新潟港のことでも越後の産物のことでもなく、はるか上流に位置する会津地方の天然資源に関するものであった、ということには注目しておいてよいでしょう。

もう一つは、五月五日付の新津の石油に関する報告です。こちらは実際に彼が足を運んで得た見聞です。

油田は六つ、新潟の南東約十五マイル、新津という村の近くにあります。……油井はなだらかな丘陵の麓にあります。この近くの小川では、薄い油膜が川面を覆っていることに気づきます。油井に着く数百ヤード手前ですでに石油の匂いがして、油田の存在が明らかになります。地面から何か染み出ているようで、歩いていて弾力感があることからも、地区一帯が石油に浸っているような感じがあります。

ラウダーは、石油に満たされた新津の雰囲気をこのように記しています。

その後、ラウダーはこの地を去っていくにあたり、彼の半年ほどの新潟駐在のまとめとして、新潟港とその周辺地域の豊かさと可能性に対する彼の高い評価を公使館に報告しました（青柳正俊『開港場・新潟からの報告―イギリス外交官が伝えたこと―』）。

同年八月、続いてトゥループが新潟に赴任しました。トゥループもまた新潟の政治・経済の混乱や港の整備の遅れと格闘するのですが、産物・資源に関しては、赴任したこの年のうちに、ラウダーが調査した新津をやはり訪れています。史料には正確な月日の記載がありませんが、おそらくはこの年の秋頃でしょう。

トゥループは、特に彼が見た新津近郊の天然ガスの様子を次のように報告しています。


越後には、日本人が言う火井、すなわち地面から可燃性の気体が噴き出すガス井のある場所があります。新津の油井の近く、より正確には、日本語で石油にあたる言葉がそのまま地名になっている草水の近くの柄目木村に、そのような噴出孔が一か所あります。……新津の石油の天然泉はこうした火井の一つにすぎず、そのガス井が水で満たされてしまったものと考えられます。……〔石油に関しては〕油井が適切に操業されれば、それだけで当地で相当の輸出取引が生じることは間違いありません。

こうして、遊歩区域内にあり日帰りが十分に可能な新津についての資源調査は赴任した年のうちに済ませ、トゥループの視線はさらにその向こうの地域へと向けられていくのです。この六九年の総括の報告のなかで、彼は前任者ラウダーと同じように、新潟港には広大な後背地が控えていることを強調しています。七〇年一月二十五日付の公使館への報告です(『開港場・新潟からの報告―イギリス外交官が伝えたこと―』)。

新潟港がカバーすると考えられるのは広大な地域です。すなわち出羽、岩代と呼ばれることになった旧会津領とその近隣、越後、上州の一部、信州、越中、能登、加賀、飛騨、それに佐渡島です。これらの地域の産品が集積し、またこれらの地域へ輸入品を運んでいくことが期待されるのは、やはりほかの開港場ではなく新潟港です。信濃川と阿賀野川によって、そしてこの二つの川と交差する河川、支流、入り江、運河など無数の水路によって新潟と越後各地や会津そのほかの地域とが結びついている内陸交通網には、実に目を見張るべきものがあります。

こうして見てくると、この七〇（明治三）年初夏の会津・米沢への調査は、トゥループにとって、あるいはイギリスにとって、まさに満を持してのものであったことが理解できます。初代領事ラウダーは、前年のこの季節まだ領事館を立ち上げたばかりで、新潟を遠く離れる余裕はありませんでした。冬期はいずれにせよ現地視察には不向きです。ようやく調査の適期がやってきました。

しかし一方では、トゥループは右の報告を行ったこの年の初め以降、心軽やかに遊歩区域外に出かけられるような状況ではなかったのです。貿易シーズンを迎えた新潟港で、新潟通商司による貿易妨害が徐々に顕在化しつつあったからです。この新潟通商司への対応と、満を持して臨みたい港の後背地への産物・資源調査とが微妙に絡まり、やがてトゥループは抜き差しならない状況に追い込まれることになります。その様子をイギリス外務省文書が克明に記しています。ここからしばらくは、少し長くなりますがその流れを追っていきたいと思います。

まずは、新潟における通商司問題の顛末について、あらためてごくおおざっぱに追ってみます。

廃藩置県以前のこの時期、政治的には政府直轄地や諸藩領が錯綜し、また経済的にも藩を単位とした旧来の流通の仕組みが残存していました。そうしたなか、六九年四月、明治新政府は流通掌握と産業振興を目指して通商司という行政組織を設けました。そして、主要な商業地・開港場にその支署を開設していきました。

先回りをして述べると、この通商司政策は全国的にも大きな成果を挙げることがなく、実質的に二年程度で終結を迎えます。なかでも新潟では特異な展開を見せました。新潟に通商司支署が設置されたのは、七〇年一月でした。支署には東京から官吏が派遣されました。それとともに、有力な東京商人らが新潟に乗り込んできて「通商会社」（新潟商社）を設置しました。国の直接的な指揮下にあったこの会社は、いわば通商司の実働部隊でした。地元の商人たちを強制的に新潟商社なる組合組織に加入させ、この商社の規則に従った活動を強要しました。政府の強い指導のもとでの流通秩序の確立や国の収税確保が目指されました。

しかし、すべての取引を通商司官員の立会いのもとで行わせ、また商社組合員の取引に一律の高い徴収金を課すなど、新潟通商司と新潟商社による行きすぎた統制は地元商人たちの大きな反発を招きました。

こうした一連の成りゆきを、トゥループは新潟から公使館へつぶさに報告していました。これを受けて、東京では公使パークスや書記官アダムスが日本外務省との交渉に臨み、新潟での措置の是正を強く求めていました。日本政府もこれら措置のまずさを認め、通商司を所管する民部省の幹部が新潟へ赴いて政府の方針を伝達しました。五月二十八日、新潟県庁はその方針に沿って「先の布告についてはその是非を協議しているので、当面は布告を出す以前のとおりと心得られたい」と市中に新たな布告を行いました。

こうして騒動がひと段落したかと思える頃合いの六月十六日、トゥループは会津・米沢へと旅立ったのです。しかし、これはトゥループの大きな読み違いでした。

現地新潟の動きと並行して、東京では、貿易促進に向けた適切な処置が一向に進まない状況に業を煮やしたパークスが、自ら新潟に乗り込もうと意を決していました。しかし、その前段として、彼の副官であるアダムスに現地官員と直談判をさせようと考えました。

アダムスはこの時、信州・上州への蚕糸業視察旅行の途上にありました。当時、生糸と蚕種は日本の主要な輸出品で、諸外国からの期待は強かったのですが、その一方で、輸出の拡大とともに生糸・蚕種の品質が著しく低下していました。諸外国にとっては、このことは大きな懸念材料でした。そのため、養蚕方法の改善を促すことを目的として、産地の実情を調査する必要があったのです。

そこでこの年の六月、アダムスは前年に続き二回目の現地調査に赴きました。行き先は一回目と同じく、養蚕の主産地である信州と上州でした。

この視察旅行の途上で、アダムスはパークスから「通商司問題への対処のため、新潟に立ち寄るように」との命を受けました。東京を出て二週間あまり、視察の主要な目的地の一つである上田に差し掛かった時でした。信州から直接上州に向かう予定が、遠く新潟を経由するルートに急遽変更されました。上田を発ってから五日後の六月二十七日、アダムス一行は新潟に着きました。さて、そこでアダムスは、彼を待ち受けていた事態に驚きました。

まず、通商司をめぐる状況が、トゥループから報告を受けていた時点よりさらに悪化していました。新潟県庁は、確かに中央政府からの指示を受けて、年明け以降の措置を見直す旨を布告していました。ところが、その布告の二日後にあたる五月三十日、新潟商社の門前には、商社組合員（つまり新潟港の商業者すべて）に向け

旧暦 明治３年
5月　8日
5月　15日
〃　16日
〃　17日
〃　18日
〃　19日
〃　20日
〃　21日
〃　22日
〃　23日
〃　24日
〃　25日
〃　26日
〃　27日
〃　28日
〃　29日
〃　30日
6月　1日
〃　2日
〃　3日
〃　4日
〃　5日
〃　6日
〃　7日
〃　15日
〃　16日

表3　トゥループとアダムスの行動　対照表

西暦 1870年	トゥループの行動		アダムスの養蚕地視察旅行
6月　6日			東京発
	J氏、G氏の新潟到着		
6月　13日	（県知事が越後内視察へ）		
〃　14日			
〃　15日	・県庁から旅行許可を取りつける？		
〃　16日	新潟～新津	新津泊	
〃　17日	新津～五泉	五泉〃	
〃　18日	五泉～村松～五泉	五泉〃	
〃　19日	五泉～津川	津川〃	
〃　20日	津川～草倉～津川	津川〃	上田着　パークスから新潟立ち寄りの指示を受ける
〃　21日	津川～野沢	野沢〃	上田
〃　22日	野沢～若松	若松〃	上田発
〃　23日	若松	若松〃	
〃　24日	若松～猪苗代	猪苗代〃	
〃　25日	猪苗代～沼尻～猪苗代	猪苗代〃	
〃　26日	猪苗代～大塩	大塩〃	
〃　27日	大塩～米沢	米沢〃	新潟着
〃　28日	米沢～小出	小出〃	トゥループ不在のため、無為に新潟滞在
〃　29日	小出～市野々	市野々〃	
〃　30日	市野野～中条	中条〃	
7月　1日	中条～新潟		
〃　2日	・通商司問題について県知事らと会談		・通商司問題について県知事らと会談
〃　3日			新潟発
〃　4日			
〃　5日	○県知事・新潟通商司と会談		
〃　13日	○会津・米沢視察調査報告書を発送		
〃　14日			東京着

て「新しい商社規則はそのまま有効である」と告知されていたのです。あたかも、県庁の布告を一商社が上書きしたかのようでした。告知の裏には、当然ながら政府官員からなる新潟通商司による指示、または暗黙の了解が推測されます。

新潟に着いたアダムスを驚かせたもう一つは、こうした通商司の成りゆきを現地で注視し続けているはずのトゥループが、何と無断で新潟を不在にしていた、ということでした。トゥループの旅立ちは、公使館に告げられていませんでした。

領事が無断で持ち場を離れてはるばる会津・米沢を旅している、ということを知ったアダムスは、少々滑稽なようですが、まさに対峙しているはずの新潟県庁の助けを借りてトゥループを至急新潟に呼び寄せました。アダムスは後日、県庁と談判を行った七月二日、公使パークスに対して、それまでの経緯を次のように伝えています。

六月二十七日の夕方、当地新潟に到着しましたが、トゥループ氏は会津に行っており不在でした。そのため、翌朝、新潟県の本野大参事が好意で私を招いてくれました。そして本野氏から、時間的猶予がないので至急新潟に戻るように、との書簡をトゥループ氏へ送ってもらうことになりました。その結果、トゥループ氏は昨夜新潟に到着し、本日の三条西知事および本野大参事との会談を設定してくれました。

さらにアダムスは、トゥループは先の新潟商社による上書き告知のことを新潟出立前にすでに認知していた、ということも、トゥループ自身が新潟に戻ってきてから知りました。トゥループは、事態が悪化しつつあることを承知のうえで、何ら行動も起こさず悠々と旅立ったのです。新潟通商司問題への対処において、トゥループの落ち度はあきらかでした。後日、トゥループはパークスに対して精一杯の弁明を行いました。

新潟商社による告知の件について、当然私は知事に対して厳重に抗議をすべきと考えたのですが、しばらくはその適当な時期まで差し控えることとしました。それは一つには、通商司の件について公使から早い時期に指示をいただけるものと考えたこと、もう一つは、この少し前に本野大参事が事前の予告もなく江戸へ行ってしまったことです。本野氏は、当地で二番目の地位にある官員で、知事に代わって実質的に政務を執っている人物ですので、私は、この件について抗議しようにも、抗議するに値する相手がいなくなったのです。（中略）

六月十三日の朝には知事もまた当港を発って越後内の視察に出かけてしまいました。そこで、この時点で私は本件について積極的に当局に働きかけても利するところがないと考え、また領事館を短期間離れても業務上問題ないと思われたことから、この機会を利用して越後東部、及び越後に隣接する岩代と羽前を訪問して、これらの地域の資源に関する調査を行うこととしました。

その帰路で私は、知事と本野大参事がすでに新潟町に戻っているとの報に接し、さらに　その少し後に、アダムス書記官がこの件で公使から新潟を訪れるよう指示を受けて、すでに新潟にいて私の帰りを待っていることを知りました。そこで私はすぐさま帰路を急ぎ、今月一日の夜九時に新潟町に到着して、アダムス書記官と知事及び大参事との会談を設定し、そこに私自身も同席しました。

ここであらためてトゥループ、ウェーバーの旅行記録のうちの最後二日間の部分を確認してみましょう。トゥループがなりふりかまわずに新潟へと急ぐ姿がまざまざと浮かんできます。彼は六月二十九日に市野々で「アダムス書記官が新潟に到着。用件は新潟通商司に関する現地当局との談判」との報に接しました。大いに驚愕し、焦躁したことでしょう。翌三十日の様子は、ウェーバーが詳しく叙述しています。宿泊地として予定していた黒川を越え、さらには旅仲間を引きずるようにして、トゥループは暗闇のなかを中条まで急ぎました。この日は徒歩と駕籠で十二ドイツマイル、つまり約六十キロを進んだことになります。当時の旅は一日三十キロくらいが標準と言われています。まさに強行軍でした。そうして脱兎のごとく飛ばしに飛ばして新潟に戻りました。そしてアダムスに会った七月一日の夜、さぞやトゥループはアダムスからしたたかに叱咤を受けたことでしょう。養蚕地視察を中断して新潟に赴いたアダムスは、その新潟ですでに四昼夜を無為に過ごしていました。

七月二日、アダムスとトゥループは、新潟県の三条西知事・本野大参事との厳しい談判に臨みました。アダムスは翌三日の朝、すぐに新潟を発ちました。トゥループの新潟不在は、アダムスの本来の視察旅行の全体日程にも影響を及ぼしていたはずです。この後の前橋や島村といった、重要な養蚕視察地であったはずの場所にはわずかしか滞在できませんでした。

ウェーバーの紀行文には、新潟に帰着した夜は美しき会津・米沢への旅の余韻がウェーバーの心のなかを満たしていた様子が、幾分感傷的に綴られています。しかし、アダムスの厳しい視線を背中に浴びながら翌日の談判の設営に奔走したこの七月一日夜のトゥループにとっては、こうした感傷はまったく無縁であったことでしょう。

この後トゥループは、名誉挽回を期して新潟通商司問題に必死に取り組みます。中央政府からの指示を新潟ではどう処理したか、上書き告知のことを誰がどこまで知っていたか、などについて、新潟県や新潟通商司の官員を鋭く追及しました。そして通商司問題はイギリスにとって満足すべき結論に落ち着くことになりました。新潟通商司支署はこの年の八月に撤退しました。そのため、予告していたパークスの新潟行きは結局取りやめになりました。

八月二十六日、パークスはトゥループに対して次のように伝えました。

新潟通商司支署が廃止となり同支署の官員が引き揚げること……について、貴君からの報告を承った。このような満足すべき結果が得られたのは、貴君が本件の経過に十分な注意を払い適切な行動を取ったことによるものである。……貴君の多大な尽力に対するこうした私の意見は、貴君からの公信の写しすべてを添えて本省に対しても伝えた。

騒動のさなか、公使館に無断で敢えて新潟を離れたトゥループの行動は、結局は不問とされました。これは、旅から戻った彼が通商司問題に適切に対応したことによるのはもちろんですが、それとともに、パークスがトゥループによる調査それ自体を高く評価したからでもありました。八月二十二日、トゥループの調査報告をロンドンの本省に送付する際、パークスは次のようにコメントしています。

先般、トゥループ領事代理が新潟周辺地域を旅行し、添付のとおりこの旅行に関する報告書を私に送付してきました。これらの地域では、鉱物資源のほか、生糸・蚕種などの農産物が非常に豊富なようです。トゥループ領事代理は行く先々で官庁からも住民からも温かく応接されました。そこで私は、別添書簡のとおりこうした好意に対して日本政府に謝意を伝えるべきと考えました。新潟当局の行動にはこのところ不満とせざるを得ないこともあったのですが、私としては、トゥループ領事代理の旅行準備に協力してくれた新潟当局の配慮に対して、この機会に感謝の意を示すことができたことは喜ばしいことです。

そしてまた、実際にパークスは、すでに八月十一日、日本外務省に宛てて次のような書簡を送っていました。

先般、我が国の新潟領事代理トゥループは、越後、岩代、及び羽前の各地域の資源調査のために短期間の旅行に赴いた。これら地域の生産力に新潟港の繁栄がかかっているからである。

トゥループ領事代理によれば、今回の旅行は非常に興味深いものであったという。そして、このような旅行を許可してくれた新潟当局に深く感謝するとともに、若松県の知事と官員、津川局の官員、さらには米沢藩の知事と役人に対しても、これら地域を通った際に示してくれた多大な配慮に対して深く感謝している。

国家間の友誼と親善を大いに促進するこのような配慮に対して、私としても貴官らに感謝申し上げる。また貴官らからも、先に述べた各地域の当局に対して、トゥループに示してくれた御配慮への私からの感謝の意をお伝えくださるようお願いしたい。

パークスは、トゥループたちの旅立ちを許してしまい外務省から大目玉をくっていた新潟県庁に助け舟を出してあげたわけです。パークスからのこの丁重な援護射撃を知ったならば、新潟県庁の面々は何と反応したことでしょう。もっとも、外務省がパークスの謝意をそのまま新潟県に伝えたとは、私にはとても思えませんが。

以上が、新潟通商司をめぐる騒動とトゥループらによる会津・米沢への旅との絡み合いのエピソードです。

あらためてまとめてみましょう。

トゥループは、公使館へ何も告げずに新潟を離れて会津・米沢へと旅立ちました。このこと自体は非とすべきことであり、実際に新潟通商司への対応は一か月近く遅れました。しかし、新潟港の後背地の調査もまた重要でした。蚕が繭を作りやがて卵をかえすこの時期こそが調査の最適期でした。だからこそアダムスも前年、この年と、初夏のこの時期に信州・上州への視察に出かけたのです。製茶に関しても、茶摘みが終わってからではいかにも視察の意味が薄れてしまいます。現地調査の時期は熟し、結局トゥループは、通商司への対処に目をつぶって旅立ちました。

さらに言えば、米沢は信州・上州と並ぶ当時の蚕糸業の中心地であり、しかも新潟領事館の管轄区域内です。アダムスが公使の命を受けて信州・上州をつぶさに視察しているのですから、東京から見ればその奥にある米沢をトゥループが視察する、ということは、事柄として是とすべきことでした。新潟通商司への注視という任務を打ち捨てたトゥループの大胆な行動は、むしろ機敏な判断とみなされました。この判断がパークスによる最終的な高評価へとつながりました。

とはいえ、ここでトゥループの調査報告書をあらためて眺めてみると、はたしてこの報告書がそんなに大したものなのか、という気がしないでもありません。報告のなかでは草倉銅山の報告だけは先だって紹介した新津の石油・天然ガス並みに詳細ですが、そのほかの事柄に関してはいかにも淡白です。対象は広い範囲に及びますが、内容的に大して踏み込んだものでもありません。調査の意義はわかりますが、この程度の報告書が公使からそれほど高く評価されるものでしょうか。私には正直少し納得がいきません。

たとえば、ウェーバーの紀行文と比べてみましょう。こちらは、柄目木の石油や新保・米沢・小出の養蚕、あるいは村松の茶など、各々の製法などにまで目配りしています。産物・資源の報告としても、トゥループよりはウェーバーの紀行文のほうがむしろ優れているのではないでしょうか。

あるいは、トゥループらによる旅と並行する時期に信州・上州を訪ねたアダムスの調査報告を確認してみると、こちらはまさに本格的な報告書です。調査にはアダムスを補佐する二名の横浜居留イギリス人が同行していました。一人はジェームズ・デビソンという輸出生糸の検査技師です。もう一人はチャールズ・ワーグマンです。ワーグマンは画家・風刺画作家として有名ですが、この調査では通訳と記録を担当していました。養蚕の現状や問題点を把握し、改善に向けた提言を行うためのこの調査の厚い報告書には、蚕糸専門家であるデビソンの知見が十分に生かされています。加えて、ワーグマンが描いた蚕や桑木の観察記録、それに養蚕農家の外観の素描などが豊富に掲載されています。このアダムス報告書の丹念さと比べると、トゥループの調査報告書ははるかに物足りません。

トゥループの報告書が短く素っ気ないものであった理由の一つは明瞭です。彼としてはこれを急いでまとめる必要がありました。

七月一日に新潟に戻ったトゥループは、翌日、アダムスとともに新潟県の知事・大参事との談判に臨みました。そして、さらにその翌日にアダムスが新潟を去ってからも、新潟通商司問題への対応に追われました。七月五日には、しばらく新潟を留守にした経緯について公使館へ窮屈な弁解もしていました。そうした以上、トゥループは、新潟を不在にしたけれど、もっと重要な仕事をした、というアリバイとなる調査報告を早急にまとめなければなりませんでした。そして、通商司への対処の傍ら、七月十三日にはすでに調査報告を公使館へ発送しています。つまり、この報告書は失点を帳消しにすべく急いで書き上げたものだったのです。

そのほかにも、私にはちょっと思いつくことがあります。イギリス外務省文書を確認する限り、トゥループが公使館へ送ったものは、報告書本文のほかには、付属する旅程図（図3）と草倉銅山の絵図（図4）など二種類だけです。しかし、実はほかにもっと重要なものを送っていたのではないでしょうか。

トゥループ自身の調査報告ではもちろんのこと、ウェーバーの紀行文でも、旅の先々でトゥループが各地の鉱山に積極的に関心を示し、時には鉱場や坑口の奥深くまで探索している様子が描かれています。旅の三日目の柄沢や、九日目の金山（石ケ森）では、それぞれ鉱石を採取していることもわかります。さらには、ウェーバーは、十日目の硫黄泉や十一日目の山塩を採取し瓶に詰めて標本にしたことも明らかにしています。

すると、トゥループが道すがら各地でこまめに採取した、こうした産物や鉱物こそが重要だったのではないでしょうか。それらを新潟へ持ち帰ると、すぐに都合よくアダムスの手に渡すことができた。そして東京の公使館で貴重な観察と分析の材料とされた。そんな可能性はないでしょうか。産物や天然資源の実物は、こればかりは実際にその場へ赴かなければ得られません。標本が主であり、報告書はそれら標本のいわば解説の一部であった。そう考えれば、地名と産物の羅列のようなトゥループの報告書にも納得がいきます。

ただ、こうした私の推測には、今のところ裏づけがありません。

考察三 ― ウェーバーにとっての旅

幕末・維新期、新潟港を舞台として活躍した外国商人、というと、多くの人にとってまず浮かんでくるのは、あのスネルではないでしょうか。スネル兄弟の弟、エドワルト・スネルは、一八六八年、戊辰の戦乱がまさに迫ろうとしている頃に新潟へ乗り込み、奥羽越列藩同盟方に武器弾薬を供給しました。

しかし、これは新潟がいわゆる「正式」に開港する前のことです。その戊辰戦争が薩長方の勝利に終わり、明治新政府がイギリスと間合いをはかりながら、この日に港を開きますよ、と宣言した六九年一月一日（明治元年十一月十九日）が、その後の歴史では新潟の「正式」な開港日ということになりました。まさに、歴史は勝者がつくる、の典型です。ウェーバーは、その正式開港後の新潟で貿易活動を始めた、最初の外国商人でした。

六八年の後半、ウェーバーはそれまで長らく住んでいた長崎から神戸へと居を移していましたが、同年十一月、代理公使フォン・ブラントに対して「新潟港は安全だろうか。貴官の宣言に基づいて、先だって新潟に進出した商人は、そこで財産をすべて失ってしまった、と聞いているのだが」と確認を求めました（ドイツ外務省文書）。彼は当然スネルの新潟での成りゆきのことは知っていました。フォン・ブラントから返事は得られませんでしたが、ウェーバーは神戸から横浜を経て新潟へと進出する決心をしました。榎本武揚率いる旧幕府軍による騒乱がまだなお続く津軽海峡を通り、新潟に着く直前に積み荷の一部を水損させながらも、六九年四月九日、彼はようやくこの港に着きました。

その後、新潟には同じ六九年のうちに十数名の外国商人が乗り込んできました。ウェーバーらが会津・米沢へと旅立った七〇年の春先から初夏にかけてまでは、振り返ってみればすでに新潟に居留する外国商人の数はピークとなっていた時期でした。

さて、この旅の時期のウェーバーですが、彼は新潟を旅立つ直前までドイツ（正式には北ドイツ連邦）領事代理の肩書を持っていました。このことにまず触れておきたいと思います。

本来のドイツ領事はライスナー（Adolph Leysner）という人物でした。ライスナーは、ウェーバーと同じく新潟に居留した商人ですが、領事を兼任していました。明治初めのこの頃、その地の居留商人のなかのリーダー格の人物が国から領事として任命される、ということは珍しいことではありませんでした。ウェーバーの新潟到着から遅れること半年近く、六九年九月に来港したライスナーは、この旅の時期を含めて数年間にわたりウェーバーと共同で一つの商会を営みました。そして、ウェーバーが七六（明治九）年に新潟を去った後も、八二（明治十五）年夏まで長らく新潟に居留しました。

そのライスナーは、公使館への報告などを行うため、毎年のように一、二か月程度の短期で東京や横浜を訪れています。そして、この年新潟を離れた際には、ウェーバーを自分の代理に指名しました。『稿本新潟県史』には「孛国〔プロイセン〕商人ヱ、アル、ウェーブル、明治三年四月三日、西暦一八七〇年五月三日、同国領事ヱ、テー、ライスネル横浜旅行中代理。明治三年五月十五日、西暦一八七〇年六月十三日解任」などとあります。

この時だけ代理を立てたのには、明らかな理由がありました。それは、やはり通商司をめぐる情勢でした。この年の初めに新潟通商司と新潟商社の活動が顕在化してきた際、イギリスのトゥループが新潟での動きをしばらく注視し続けたのに対し、ライスナーは現地情勢を自国公使館に伝えるため、七〇年五月三日に新潟を発ち横浜に向かいました。このことをライスナーは、翌七一年一月一日付で本国へ次のように報告しています（ドイツ外務省文書）。

五月、私は陸路で越後、信州、上州、武州を経由し、十日をかけて横浜まで旅行しました。そして六月初め〔横浜を発ち〕、三国峠を経由して八日かけて新潟に戻りました。徒歩または駕籠での旅でした。往路復路とも、一マイルも隔てずに町や村があり、そのどこでも私は好意的に迎えられました。

旧暦 明治3年
4月　3日
5月　15日
〃　16日
〃　17日
〃　18日
〃　19日
〃　20日
〃　21日
〃　22日
〃　23日
〃　24日
〃　25日
〃　26日
〃　27日
〃　28日
〃　29日
〃　30日
6月　1日
〃　2日
〃　3日

表4　ウェーバーとライスナーの行動　対照表

西暦 1870年	ウェーバーの行動	ライスナーの行動
5月　3日	・新潟領事代理となる	新潟発
	J氏、G氏の新潟到着	通商司問題を公使館へ伝えるため新潟を発ち横浜へ 新潟着（1870.6.12以前か）
6月　13日	・新潟領事代理を解かれる	
〃　14日		
〃　15日		・県庁から旅行許可を取りつける？
〃　16日	新潟～新津　新津泊	
〃　17日	新津～五泉　五泉〃	
〃　18日	五泉～村松～五泉　五泉〃	
〃　19日	五泉～津川　津川〃	
〃　20日	津川～草倉～津川　津川〃	
〃　21日	津川～野沢　野沢〃	
〃　22日	野沢～若松　若松〃	
〃　23日	若松　若松〃	
〃　24日	若松～猪苗代　猪苗代〃	
〃　25日	猪苗代～沼尻～猪苗代　猪苗代〃	
〃　26日	猪苗代～大塩　大塩〃	
〃　27日	大塩～米沢　米沢〃	1870.6.27 イギリス公使館員アダムスの新潟着
〃　28日	米沢～小出　小出〃	
〃　29日	小出～市野々　市野々〃	トゥループ不在のあいだ、アダムス一行を応接
〃　30日	市野野～中条　中条〃	
7月　1日	中条～新潟	

横浜出張を終えたライスナーは、六月十三日、領事代理ウェーバーをその職務から解きました。そして、『稿本新潟県史』が記すところでは、ライスナーは六月十五日にイギリスのトゥループ、オランダのメースとともに県庁へ押し掛けて、旅行の許可を強要した、というわけです。翌十六日にはウェーバーがそのトゥループ、メースらとともに会津・米沢への旅に出ました。

ウェーバーの紀行文では何も触れられていませんが、実際には、ライスナーが新潟に戻ってきたことで、ウェーバーは旅に出る直前に領事代理の務めから解かれ、このことで新潟を離れることが可能となったのです。そのタイミングは、トゥループが新潟通商司をめぐる情勢を見計らって新潟出立可能とみなした時期とも重なっていました。しかもまた、ウェーバーの紀行文によれば、同じタイミングでJ氏とG氏が横浜から新潟に来港した、というわけです。誠に好都合な時宜の重なり合い、出来すぎとも言えるタイミングでした。

ところで、商人ウェーバーはいくつかのジャンルの書き物を残しています。この点では、当時日本にいた同業者仲間のあいだで異彩を放つ人物でした。このことを少し説明しましょう。

まず、彼は小説を残しています。その一作目は、自らの出生から日本での生活を終えてドイツへと旅立つまでを描いたもので、ドイツ帰国後、十年を経た頃に発表されました。原題（Kontorrock und Konsulatsmütze）を直訳すれば『商人服と領事帽』と題する体験小説です（一八八六年に出版）。この小説は、内容の一部を割愛した日本語訳も出ています（坂井洲二訳・編『横浜・長崎・新潟―ドイツ商人幕末をゆく』）が、ここでは仮邦題を『商人服と領事帽』として話を進めていきましょう。

その小説『商人服と領事帽』のなかでは、彼が日本で出会った様々な出来事や人物が生き生きと描かれています。たとえば、薩摩藩士がイギリス人を殺傷した一八六二年の生麦事件の後、緊迫する横浜居留地で各国の外国人たちが激しく議論し合う様子や、ウェーバー自身が維新前夜の長崎で土佐藩との商談がらみの宴席に命がけで臨む様子などが、生々しく、それでいて時には多少コミカルに綴られています。あるいは、フォン・ブラントをはじめ、横浜・長崎で彼の上司であったクニフラー、箱館のゲルトナー、名高いスネルなど、多くの実在のドイツ人たちが表情豊かに会話を交わしています。実体験をベースとして、荒唐無稽とも思える挿話を巧みに配していることが、小説『商人服と領事帽』の独特の魅力です。

彼の二作目もまた、原題（Überseer daheim）そのままであれば『航海者、故郷へ帰る』とでも題すべき体験小説です（一八八八年に出版）。ここでも、空想や願望を込めたストーリーを自分が経験した実際の出来事に巧みに織り混ぜるスタイルが踏襲されています。一作目に続く、日本からの帰国の航海の場面に始まり、その後のドイツでの生活が描かれています。しかし、現実には彼が帰国した時にはまだ存命であった母親を小説のなかではすでに死亡していたことにしたり、現実の彼はその後ずっとドイツにいたにもかかわらず、小説のなかでは事業がうまくいかず貧困に陥り一家でアフリカへ移住する、という結末にしたりと、やはりフィクションを多く設定しています。小説のなかの彼がすべて現実の姿であった、と鵜呑みにはできません（青柳正俊『新潟居留ドイツ商人　ウェーバーの生涯』）。

こうした半ば実録、半ば創作といった作品の一方で、彼の著作のなかには純然たる論文体のものもあります。新潟にいた時に著した「気候的観点からみた日本西海岸での茶栽培について」は、まさにそうした考察です。一般に茶は北緯三十七度以南で栽培されるものだが、なぜそれより高緯度にある新潟で良質な茶の栽培が可能なのか、という課題が検討されています。七三年、ドイツ東洋文化研究協会の機関誌に掲載されました。

ウェーバーは、その主な理由を、一年を通じた風向きの状況と、それに応じた海流の動きを中心に据えて説明しました。日本海では夏は南風、冬は北風が優勢であり、この風向きとともに基本的に海流が入れ替わる。しかし、南からは朝鮮海峡（対馬海峡）を通って黒潮の一部が大量に日本海に入り込むのに対して、北のタタール海峡（間宮海峡）・宗谷海峡・津軽海峡はいずれも狭く、太平洋側からの海水の流入を阻みがちである。特に冬は一部で流氷が形成されるため、膨張した暖かい海流により日本海の海水面が太平洋より高くなるにもかかわらず、出口をふさがれた南からの暖流は、結果として日本海を回流することになる。こうした日本海沿岸地方の独特の気候が茶栽培に適した条件、つまり、ほとんどほかに例がない冬の大量の降雪が茶樹を霜から守り、かつこれによって春以降の十分な水分供給が保証され、また夏は十分に暑く、茶が開花する大事な秋は温暖で乾燥しすぎない、といった環境を生む、云々、とウェーバーは推論を展開させています。

このように、来日前から茶取引の経験を積んでいたウェーバーにとって、現在よりも盛んであった当時の越後の茶栽培は強い関心の的であったようです。

ウェーバーの著述物には、ほかに一八九三年から翌九四年にかけて、ハンブルクで反ユダヤ的新聞を主宰した時期の新聞論説や小著があります。これらは彼の政治的な意見の表明でした（『新潟居留ドイツ商人　ウェーバーの生涯』）。

さて、こうしたウェーバーの虚実を交えた幅広い著述活動のことを考えてみると、彼の明治三年の紀行文についても、その内容の真偽は十分に注意して判断するのが賢明、という気がします。冒頭の旅立ちまでの叙述に関しては、その真偽のほどを判断するのは難しそう、ということはすでに述べました。

表5　ウェーバー紀行文で描かれた天候と「日誌若松県」の記録との比較

	旧暦 明治3年	旅　　程	ウェーバーの叙述	「日誌若松県」
第4日	5月21日	五泉～津川	「空には雲一つなく…」	快晴
5	〃 22日	津川～草倉～津川	雨	曇り
6	〃 23日	津川～野沢	（晴れのよう）	快晴
7	〃 24日	野沢～若松	雨	雨降
8	〃 25日	若松	（雨ではなさそう）	快晴
9	〃 26日	若松～猪苗代	晴れ、夕方雨	晴、午後雨
10	〃 27日	猪苗代～沼尻～猪苗代	雨	雨降
11	〃 28日	猪苗代～大塩	（不明、曇りっぽい）	雨降
12	〃 29日	大塩～米沢	（雨ではなさそう）	曇り

しかし、旅が始まってからの叙述に関しては、少なくともその大筋は彼の実体験に基づいたもの、とみなしてよいと考えられます。これもすでに述べたように、ウェーバーが綴った旅程それ自体は、イギリスの公文書たるトゥループの調査報告とほぼ一致しています。

また、紀行文で豊富に描かれている日々の空模様を、試みとして、日本側史料として信頼の置ける「日誌若松県」に記された天候記録と照合してみましょう（表5）。ウェーバーの紀行文は移動しながらのものであり、他方「日

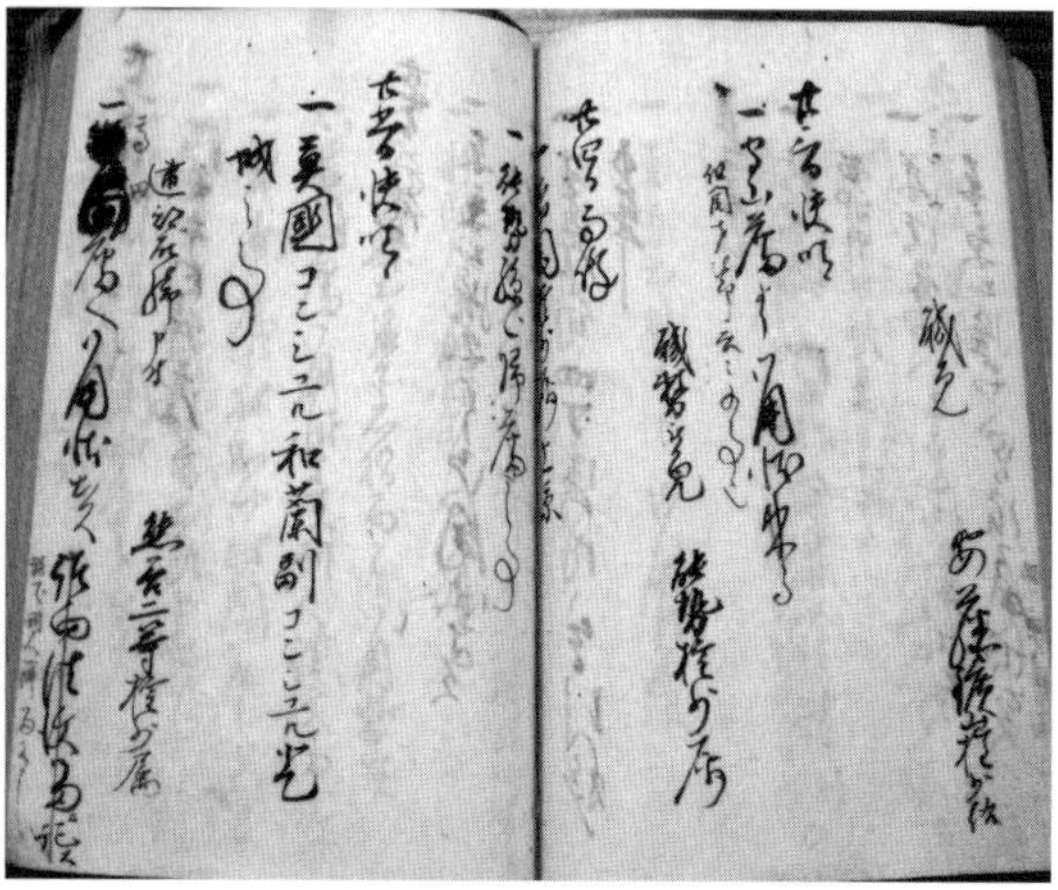

図6　「日誌若松県」明治三年五月
(「二十五日 快晴 英国コンシュル和蘭副コンシュル登城之事」とある)
(『日誌』明治・大正期の福島県庁文書60、福島県歴史資料館所蔵)

誌若松県」は会津若松における定点観測であることに留意する必要がありますが、どうやらこの二つのあいだには矛盾はなさそうです。紀行文の骨格部分までがウェーバーの手慣れた創作ではないか、と心配することはないようです。

さて、その「日誌若松県」には、五月二十五日条に「英国コンシュル和蘭副コンシュル登城之事」とあります（図6）。これはトゥループとウェーバーがともに記すところと一致します。この日は、領事という公的な役職を有するトゥループとメースだけが若松県知事四条隆平と面談したのでした。面談はこの日の午前に行われ、午後はウェーバーなど残りのメンバーも加わって、若松県官員の案内で若松城内を見学しています。「天守閣に登ると、激しい戦いによって柱や壁、床の一部が吹き飛ばされていた」という二人の描写は、戊辰戦争の籠城戦から約一年半の時点での若松城の様子を伝えるものとして、貴重な記録ではないでしょうか。

また、その数日前、一行は津川から野沢・若松への山道で大勢の老幼男女とすれ違っています。会津を去って斗南へと向かう人たちでした。その様子はかなり印象的であったようで、トゥループもウェーバーも記しています。ただ、その様子にトゥループは冷静さを失わず、ウェーバーの心は激しく揺れました。

——六八年十一月（明治元年九月）の降伏から一年あまりの後、新藩主松平容大《かたはる》に対して南部・斗南に三万石の封地が与えられました。七〇（明治三）年に入ると、藩士四七〇〇人余の謹慎も解かれました。東京や猪苗代、越後・高田に分かれて謹慎中であった藩士らの多くは、藩主に従い斗南へ向かうことになりました。約一七〇〇〇人といわれるそれらの移住藩士・家族のうちには、日本海を海路で新天地へと向かう一団がありました。高田で謹慎していた藩士と、旧藩領に残っていた藩士家族の人々です。高田から、会津から、各々新潟港に向かい、傭船《ようせん》されたアメリカの蒸気船ヤンシー号に乗って新天地・斗南へと旅立ちました。

ヤンシー号による会津の人々とその食糧・身の回りのものなどの運搬は、この年の初夏に三回、晩秋に二回、計五回に分けて行われています（表6）。このうち初夏の新潟出港分は七〇年六月二十七日、七月七日、それに七月十七日です。六月二十一、二十二の両日に津川から野沢、若松への道すじでウェーバーらが出会ったの

表6　会津藩士の新潟から斗南への移住（アメリカ蒸気船ヤンシー号）

	新潟を出港した日	輸送人員	物　資
1	1870年6月27日 （明治3年5月29日）	718人	荷物129個、米2,585俵 ほか
2	同年7月7日 （同年6月9日）	625人	荷物1,648個、米1,964俵 ほか
3	同年7月17日 （同年6月19日）	1,692人	荷物2,000個、米2,002俵 ほか
4	同年11月11日 （同年10月18日）	2,280人	荷物2,469個 ほか
5	同年11月23日 （同年閏10月1日）	2,256人	荷物2,757個 ほか

は、日にちからすると六月二十七日の第一便に乗船して新潟港を出ていった老幼男女であった、ということでしょうか。しかし、この便は乗船人数に比して荷物の数がきわめて少ない点で目立ちます。すると乗船者の中心は、謹慎先から着のみ着のままで斗南へ向かった高田からの藩士であったのでしょう。藩士がまず現地に乗り込み、そのあと旧藩領の自宅から家財を運んできた人々の多くが第二便以降で現地に向かったのでしょう。

会津藩が横浜でフランスのファーブル・ボールン商会と結んだ傭船契約では、初夏は新潟発第一便には高田謹慎組の藩士と会津からの藩士家族、それぞれ千名ずつ乗船する見込みでした。そして同じく第二便と第三便には、ともに会津からの藩士家族二千名を乗せることを見込んでいました。また、晩秋はやはり各便に会津からの家族二千名を乗せる想定でした（「外交事類全誌」）。ところが、表6を見ると、傭船契約とは異なり、初夏から晩秋へ、船便を追うごとに輸送された人数と荷物の個数が多くなっていくのがわかります。実際に故郷を離れるには様々な事情があり、ややもすれば旅立ちが遅れがちになったのでしょう。しかし、そうしたなかでも最も早い時期に北の新天地へと向かった一団にウェーバーたちは出会ったのでした。

それにしても、ウェーバーが記した文章には戦争に敗れた側への感情移入が明らかに見てとれます。街道沿いで戦いの跡を見かけた時からそれは明らかです。そして、この会津藩士家族とのすれ違いの場面、すなわち「勝者」による護衛を受けながら進むウェーバーが「敗者」へ素直な同情のまなざしを注ぐ姿、さらには若松の町の悲惨な様子の描写が続きます。

ウェーバーは、先ほど紹介した体験小説『商人服と領事帽』のなかでも、新政府が近代化を急ぐあまり、それまでの制度や風俗習慣を否定し、市井の人々に新しいやり方を押し付けようとする様子を、むしろ批判的に、地元の人々に寄り添って描いています。日本側に残る史料からは、商売上のもめごとに関してしばしば県庁に強烈に申し入れを行うなど、どちらかといえば強面《こわもて》のイメージが伝わってくるウェーバーですが、「古き良き日本」を懐かしむ彼の心情もまた本物だったようです。

たとえば『商人服と領事帽』には、作中の彼が次のように語っている場面もあります。一八七六年秋の帰国を間近に控えて横浜を一時訪問した際、ドイツ人商売仲間たちと交わした会話のなかでの、彼の心情の吐露でした。

何百年もかかってつくりあげたものが、いっぺんになくなってしまうのは、残念なような気がしないか。それもゆっくり変化するのではなく、とつぜん変わってしまうのだから、よい結果が出るはずもない。日本人に感心した封建制度の長所、つまり主人への忠節とか、武士道とか、高貴な心情とか、礼節とか、家族に対する一途な献身とか、そういったものが突然枯れてしまい、さてそれに代わって出てくるものといえば、花が咲くまえにしぼんでしまうような温室育ちの蕾じゃないか。

ウェーバーには、文明度などではなく清らかな精神と行いにおいて彼に気高い美しさを感じさせた、あのかつての日本人たちが、近代化とともに急速に消え去ってしまうことへの、深い追慕の念があったのだ、と私は思います。

結局のところ、ウェーバーにとってこの旅の一番の意味は何だったのでしょうか。旅は、領事トゥループにとっては職務としての資源調査でしたが、商人ウェーバーにはこれは当てはまりません。紀行文のなかのウェーバーは、養蚕についてのJ氏の長たらしいご高説にはうんざりとし、草倉銅山の見学は理由をつけてサボっています。

ウェーバーは『商人服と領事帽』のなかでも、この旅のことに短く触れています。そこでは、この「小旅行が代わり映えのしない生活にちょっとした変化をもたらしてくれた」と記しています。豊かな自然のなかに身を置き、素朴な地元の人々と触れ合い、彼の精神は高揚し、心は浄化されていったのでしょう。そのことが何にもましてウェーバーには喜ばしいことだったのではないでしょうか。

これは、紀行文の発表の仕方にも関わってきます。ウェーバーはなぜこのような文章を綴って、それをドイツで発表したのでしょうか。遠いアルトナの人たちが日本に、それも新潟や会津や米沢に特に強い関心があったとは思えません。港の後背地をなす地域の現況を知らせる、というような、彼の職業意識に忠実な目的があったのであれば、たとえば横浜居留地に向けて発信するほうが適当というものでしょう。ちなみに、トゥループの調査報告書のほうは横浜居留地の新聞にそのまま掲載されています（ジャパン・ウィークリー・メール　一八七一年八月二十二日）。当時の居留地新聞には、日本内地を旅行した者の報告がそのまま掲載されていることが少なくありません。居留地を離れた地域の生の情報が限られていた当時、ウェーバーからの視点もまた、日本にいる外国商人たちにとって貴重なものだったはずです。しかし彼の文章は、まったく違う方向にあてられました。ウェーバーとすれば、彼に清らかな喜びを与えてくれた旅が日常の生々しい生活の慰みのように扱われてしまうことは、むしろ耐え難いことに感じられたのではないでしょうか。

新潟を後にする時の期待感や、その新潟の日常世界に舞い戻った時の何とも言えない虚脱感の描写が示すように、旅立ったウェーバーは初夏の美しい景色を堪能し、非日常への憧憬を満たしました。

——そして、帰着後まもなく、旅のあいだの感情の高まりを長くとどめるために、道中したためたメモなどをもとに旅行記をまとめた。すると今度はそれをどこかで発表したくなった。そこで、彼の非日常を綴ったこの一作の披露の場として、現実の自分との関わりがない、はるか故郷の新聞社を選び、ひっそりとそこへ寄稿することにした――。

ウェーバーによる紀行文がドイツで公表された事情を、私はこのように推測します。

もう一つ、紀行文のタイトルは「日本での聖霊降臨祭の旅―日本に在住するアルトナ出身者による―」でした。聖霊降臨祭とは、十字架にかけられたキリストが復活して五十日後、使徒たちの上に聖霊が下りてきた、という伝説に由来します。五旬節、ペンテコステなどともいわれる祝日で、年によって五月中旬から六月中旬までのあいだを移動します。キリスト教の大切な祭日です。

しかし、私にはウェーバーがこのタイトルに何か宗教的な意味合いを込めたとは思えません。ドイツの春は遅く、ようやく五月になって心地よく風が香り、木々の芽が日ごとに伸び、水辺も温かさを増します。そしてまもなく聖霊降臨祭を迎えます。ドイツでは、この祭日は明るく輝く自然のなかへと誘《いざな》われるイメージと重なります。紀行文のタイトルには、そうした日常から遊離した愉悦の印象を故郷の読者と共有したかったウェーバーの気持ちが反映されている、と私は考えます。

考察四 ― 残る三名の事情

トゥループとウェーバーを除く三名は、旅行記録を残さなかったようです。しかし彼らにしても、それぞれに期するところがあって旅に臨んだはずです。

新潟オランダ副領事メース（R. A. Mees）は、本業はオランダ貿易会社という商会の一員でした。この会社は、新潟が開港してまもない時期からウェーバーを代理人に立てて取引を試みていました。そして、やがて自前の社員を送り込むことにしました。そこで、一八六九年十一月十五日、それまで東京にいたメースが新潟にやってきました。しかし、彼の新潟での商売は長続きしませんでした。会津・米沢への旅の終わりから二か月後の七〇年八月三十日、メースは新潟を去っていきました。商売の不振もあり精神的に不安定になったようです。

新潟をめぐるオランダの動向に関しては、近年新たに史料が発掘され、その結果、こうしたメースの動向も随分と明らかになってきました（西田泰民「開港直後の新潟の状況―オランダ国立公文書館資料より―」）。しかし彼によるこの旅の記録は見つかっていないようです。一国の副領事ですから、その立場で何らかの報告などを残しているのではないか、とも思えますが、確認できないのは残念なことです。あるいはメースにとって、この旅は心に響くものがなかったのかもしれません。

メース以外の残る二人は、ウェーバーの紀行文でイニシャルで登場するJ氏とG氏です。

紀行文によれば、二人はともに横浜居留の商人で、はるばる旧知のウェーバーを訪ねて新潟に来た、とされています。J氏は冒頭で「スイス紳士（Herr Schweizer）」とも呼ばれていますが、後は「年配紳士」とか、あるいは「父さん（Papa）」という愛称でも登場します。日本での居留は長い。五十歳代のスイス人で蚕糸検査技師。以前にも、戊辰戦争のさなかの会津を訪れているらしい。

一方のG氏のことは、ドイツ北部のメクレンブルク出身であることが冒頭で紹介

され、それ以降は「メクレンブルク紳士（Herr Mecklenburger）」と記されていま
す。やはり日本居留は長いようです。
さて、この二人はいったい具体的に誰なのか。
様々な史料を調べるなかで、私はそれぞれの有力候補を特定することができまし
た。ウェーバーがどうやら二人の頭文字をそのまま記してくれていたことが、謎解
きの大きな支えになりました。
端的には、「外交事類全誌」のなかに、横浜においてこの時期新潟への旅行を明
治政府へ申請した二人の外国商人の記録が見つかります（『横浜市史　資料編』にも
所載）。まず、G氏と擬せられる人物のほうから見ていきましょう。

独乙岡士新潟帰港につき免状依頼の書
独乙岡士ライスネル氏、二、三日のうちに新潟表へ帰港つかまつり候あいだ、
私事右同人と同道にて新潟へ罷り越したく候あいだ、御免状下さるべく候…
グッチョー　　独乙岡士所印

千八百七十年第五月三十日

領事ライスナーの新潟への帰路に同行したい、というギューチョウ（Paul Gütschow　右史料では「グッチョー」）の願いは、同じ史料によればこの後、「御聞き届けしかるべくと存じたてまつり候……」として問題なく許可されました。五月三十日付で「二、三日のうちに新潟へ帰港……」としているのは、すでに考察三で紹介したライスナーの「（一八七〇年）六月初め、私は三国峠を経由して八日かけて新潟に戻りました」という一節と符合します。

ギューチョウは一八五九年までには日本に進出し、すでに長崎や横浜でギューチョウ商会を営んでいたドイツ人です（福岡万里子『プロイセン東アジア遠征と幕末外交』）。ウェーバーの体験小説『商人服と領事帽』では、「ギューチョウはメクレンブルクの人で荒っぽい感じがした」という一節があり、加えてウェーバーが横浜に居留していた一八六〇年代前半からギューチョウとは親しかった様子が描かれています。

これらを考え合わせても、G氏が実は横浜居留ドイツ商人ギューチョウであった、ということは間違いなさそうです。すなわち、ギューチョウはライスナーとともに横浜を出発して新潟に着き、その後すぐに今度はトゥループやウェーバーらとともに会津・米沢へと向かった、ということになります。もっとも、ウェーバーの紀行文では、このメクレンブルク紳士なるギューチョウが活躍する場面は少なく、やや存在感が薄い感じです。

一方、ウェーバーの紀行文で大いに活躍するJ氏こと「父さん」に関しては、同じ「外交事類全誌」のなかに次の記録を見出すことができます。

英商シヤケモー氏新潟へ陸行の印鑑を請求せし書
シヤケモー氏、新潟へ罷り越したきにつき、同所までの印鑑の願書差し出し候……、同氏の願いのとおり御取計らいなられたく……
英国岡士　ロッセル・ロベルトソン

午八月十日

ここでは、横浜のイギリス領事がシヤケモーからの申請書を明治政府に回付した日付けが明治三年八月十日（一八七〇年九月五日）とされています。これでは実際の新潟への旅よりも随分あとになってから申請したことになってしまい、日付が食い違っています。しかも、右史料ではこの後、「書面の趣、商人は路行差し許しがたく候……」とされ、結論はわかりませんが、すんなりとは明治政府の許可が下りなかったようです。商人による単独行だったからでしょうか。ウェーバー紀行文では、横浜からの商人は二人連れだって新潟を訪れていますが、G氏ことドイツ商人ギューチョウが同じドイツの領事ライスナーの新潟への帰途に同道するのはよいとしても、イギリスから許可を取る商人がさらにそこに加わる、というのも何だか釈然としません。

しかし、横浜に長く居留していた商人ジャクモ（J. M. Jaquemot　右史料では「シヤケモー」）がこの時期に会津あたりを旅していたらしい、とする記録はほかにも見つかります。

旧会津藩士である青木往晴《もとはる》という人物が自らの生涯を綴った自伝的手記が、後年、彼の親族によって出版されています（『青木往晴生涯記事』）。この手記のなかに明治三年のある出来事が綴られています。

〔明治三年〕五月二十日、英国領事ツループ、仏国領事某、及び孛国商ヂヤクモの三人、会津戦後の実況及び金堀村字石ヶ森なる旧金鉱山等視察として来遊せしにより、管内護衛として付添を命ぜられ、余をもってその案内を兼ねしめらる。

旧暦の明治三年五月二十日は西暦の一八七〇年六月十八日にあたります。この日は、二人の旅行記録によれば、彼ら一行が当時若松県の一部であった津川に入る前日です。西暦で六月十八日に青木が護衛を命ぜられ、同月二十二日に若松町手前の塔寺で津川局の役人から五名一行の護衛を引き継いだ、とすると、こちらはすんなり落ち着きます。青木が記した三名の国籍には混乱があるのかもしれませんが、トゥループとジャクモの名前が明確に挙げられています。この時期に内地を見て回る外国人などそもそも珍しいわけですから、青木が護衛した西洋人が新潟からの五名で、その五名のなかにジャクモがいた、ということには疑いの余地はないでしょう。

なお、『青木往晴生涯記事』のこの続きの箇所には、とても興味深い記述があります。青木が護衛した西洋人と昼食をともにし、その際ビールを初めて飲んで面食らっている様子が描かれているのです。この記述はすでに『会津若松史』でも紹介されていますが、ここでは、新潟からやって来たジャクモら西洋人らとのやりとりとしてあらためて想像してもらう、という趣旨で、以下紹介したいと思います。

石莚を巡視し、須川野村〔現在は猪苗代町の一地区〕に下り昼食を喫するの際、彼ら外人三名団らんし、荷物を開き鳥獣の肉類あるいは焼麩に彷彿《ほうふつ》たる切り餅形のもの等を喰い、あるいは黒色を帯びたる「ギヤマン」づくりの徳利より白色ギヤマン製壺形の器に水を盛り、各四五杯を傾く。而《しか》してその水たるや茶色にして器に移せばたちまちにして累々として泡を生ずること、あたかも玉屋汁のごとし。而して余に一杯をすすむ。受けてこれを味わうに苦味に酸味を和し、茶にあらず酒にあらず、また口中に適せざるをもって佳味なきにあらず。その何物たるを弁ずるにあたわず。これを問わんとするも言語通ぜず。漸くこれを傾けつくすや、また「あなた」と指してこれを強ゆるがごとくなりしも、形容をもってこれを辞す。たちまちにして咽喉より吹出する。ゲプゲプとして続出す。心中ひそかにおもいらく、これ日本人には有毒のものにあらざるなきかと大に不快を感じたりしも、何時の間にかこれを忘れ、かえって気分爽快を覚ゆるもののごとくにてありき。後日においてこれを追想すれば、ビールにてあり、呵々。

「焼麩に彷彿たる切り餅形のもの」とは、おそらくパンのことでしょう。ジャクモやウェーバーらが、自分ら一行を護衛する人たちをねぎらって、ほとんどジェスチャーだけで勧めたビールやパンを味わった青木は、その慣れない味に大いに驚いたのでしょう。

これは、六月二十五日、猪苗代から沼尻の硫黄泉に向かう途中の逸話かと推測されますが、ただ、猪苗代から石筵経由で沼尻へ向かった、というのでは経路が少しおかしいような気がします。しかも、ウェーバーの紀行文のような厳しい雨まじりの登山行の合い間にビールなど飲んでいた、ということなのでしょうか。矛盾とまでは言いませんが、少し落ち着きが悪いようです。記憶違いやら何やらがあるのかもしれません。しかし、いずれにせよ、一行五名による会津での旅路の情景を具体的に描いたと思われる、私が今のところ知っている唯一といってよい日本側の史料です。そこから私は、彼らの道中での様子の一端を楽しく想像します。

ジャクモの名は、イギリスが一八六一年末現在で作成した居留者名簿において、神奈川（横浜）居留のイギリス臣民のなかに見出されます。年齢は四十五歳。ただし出生地はスイスとなっています。これらの点でもウェーバーの紀行文とは合致します。会津・米沢への旅の時点ではすでに五十代半ば、ということになります。ウェーバーはもっぱら道化役として描いていますが、三十歳そこそこのウェーバーからすれば、実際のジャクモは日本での生活も長い、陽気で頼りになる「父さん」だったというわけでしょう。

なお、イギリス国籍でスイス出身、というのは、まず、一八六一年当時、まだ日本とスイスが条約未締結であったという事情がありました。両国の修好通商条約は六四年二月に締結されましたが、ジャクモの場合にはその後もずっとイギリスの庇護下にありました。

また、当時発行されていた『在日外国人人名録』では、六九年版に「蚕糸検査技師」としてジャクモが掲載されているほか、どの商社にも属していない独立の商人として断続的に七七年版までその名を確認できます。さらに、ジャクモは居留外国人がつくる横浜の商業会議所の有力なメンバーでした。当時の居留地新聞でも蚕糸関係の専門家としてたびたび登場してきます。

そうしたジャクモの活動と本書で扱った旅との関連もまた、いくつかの周辺史料からほのかに見えてきます。

横浜に長らく居留して「ジャパン・ヘラルド」などの新聞編集に携わったイギリ

ス人ジョン・ブラックが幕末から明治初期にかけてのその居留地の動きを詳細に綴った『ヤング・ジャパン』のなかに、次のような記述があります。開国後の活発な輸出とともに、輸出生糸の質が急速に悪化していることに関してです。一八七一年の記述です。

養蚕は大変重要な問題の一つであり、何人かの人々がこの国の増産能力を確かめ、併せて蚕を育て繭から糸を挽く方法を視察するために養蚕地へ出向こうと試みた。スイス紳士のJ・M・ジャクモ氏は大いに養蚕業に関心を持っており、内戦中でさえも北部の養蚕地をためらわずに訪ねていた。彼が得た情報は広く一般の人々に知らせた。

一八六九年、公使館書記官アダムス氏は……中部の蚕糸地方を訪れ……イギリス政府に対する貴重な報告書を作成した。……同様の視察旅行がこのあと二回、各々アダムス氏及びロバートソン氏によって行われた。

さて、この記述のとおり、アダムスが一八六九年、及び七〇年に日本内地の蚕糸業を視察したことは、すでに考察二で触れました。注目すべきは、さらにその次の年のイギリス横浜領事ロバートソンによる視察とジャクモとの関係です。というのも、ロバートソンが七一年に養蚕地を視察することとなった一つのきっかけは、その前年のジャクモによる養蚕地視察だったのです。

七〇年八月十二日、ジャクモは横浜商業会議所の会頭に対して書簡で次のような指摘を行いました。

「日本の生糸はこの国が外国貿易を始めてからの十二年で悪化の一途をたどり、生糸輸出は危機に瀕しています。良質の蚕種が直接海外へ運ばれていることに加えて、外国商人を欺くような不正な生糸の束ね方なども行われています。こうした行為がまだ続いていることは、私が最近、日本内地を視察した際にも確認しました」。（傍点は本稿筆者）

七〇年八月の書簡で、ジャクモは「最近、日本内地を視察した」と述べているのです。すると、内地への視察というのは、まさに、この年の六月から七月にかけての新潟、会津、米沢への旅を指しているものと考えられます。もっとも、ジャクモはその「最近の視察」について、これ以上詳しいことは語っていません。

ジャクモによる指摘をきっかけとして、商業会議所はこの問題への対処を検討するための専門家委員会を立ち上げました。ジャクモはその四名の委員のうちの筆頭格として、翌七一年四月には、日本の養蚕農家に対する呼びかけを行うなどの提言を含んだ報告書をまとめました。そしてこのことが、ロバートソンによる七一年七月の公式視察へとつながっていくのです。その視察にはジャクモが同行しました。上州の富岡や下仁田、島村を巡った一行は、繭の品質や桑木の育成状況、この年の生糸の生産量見込みなどを把握し、さらには現地当局に対して蚕糸の品質管理を呼びかけました（イギリス外務省文書）。

なお、ジャクモは七五年にも現在の福島、新潟、長野、群馬をめぐる四十三日に及ぶ長い蚕糸業視察を行っています。この視察の成果もまた詳細な報告書にまとめられ、イギリス公使館に提出されるとともに居留地新聞にも掲載されています（ジャパン・ウィークリー・メール　一八七五年九月二十五日号、井川克彦「ジャクモの日本蚕糸地方巡行（一八七五年）」）。

このように、ジャクモは機会をとらえては積極果敢に養蚕地を訪問した人物でした。こうして史料を紐解いていくと、五名の会津・米沢への旅には、ジャクモによる東北地方の蚕糸業視察、という要素が前面に出てきそうです。

するとまた、考察二に戻るのですが、トゥループが通商司をめぐる騒動のなか決然と視察へ赴いた背景には、養蚕に関して専門知識の豊富なジャクモという心強い同伴者を得られたからこそであった、という説明ができるかもしれません。

さて、J氏がジャクモであることがほぼ確実、ということになると、もっと気になることがあります。

旅の四日目、五泉を出てやがて若松県津川局の役人に護衛が引き継がれました。現在は全体が合併して新潟県阿賀町となっている東蒲原郡は、長いあいだ会津領と一体でした。この旅の頃ももっぱら会津として意識されており、そこでJ氏は「会津に入ったぞ」と叫んだわけです。ところがJ氏は少しおかしな言動を始めます。自分は戊辰戦争のさなかに会津を訪れており鉱山開発を請け負った、というのです。そしてその開発に着手してまもなく、会津は戦乱の場となり、やむなくそこから逃げるように立ち去った。紀行文では、J氏こと「父さん」は、そんな話をしているうちに、山々を眺めて次第に興奮していき、あやうく舟から落ちそうになります。また、会津領内では知り合いの日本人らと言葉を交わしてもいます。ウェーバーが描き出すこうした「父さん」ことジャクモの姿は、かなり意味深長です。

戊辰戦争当時、外国人が会津の鉱山開発に関与していたらしい、ということは、これまで、戦時に会津に入り列藩同盟に味方したヘンリー・スネルの活躍の文脈のなかで語られることが多い事柄です。すでに紹介されているところですが、当時の新聞には、たとえば

「此頃、会津藩にては、仏郎《ふらんす》西人両人、孛漏生《ぷろしや》人両人を雇いて……銀山を開く様、種々の目論見これあるよし、或人の話なり」(「日々新聞」第三集、慶応四年閏四月

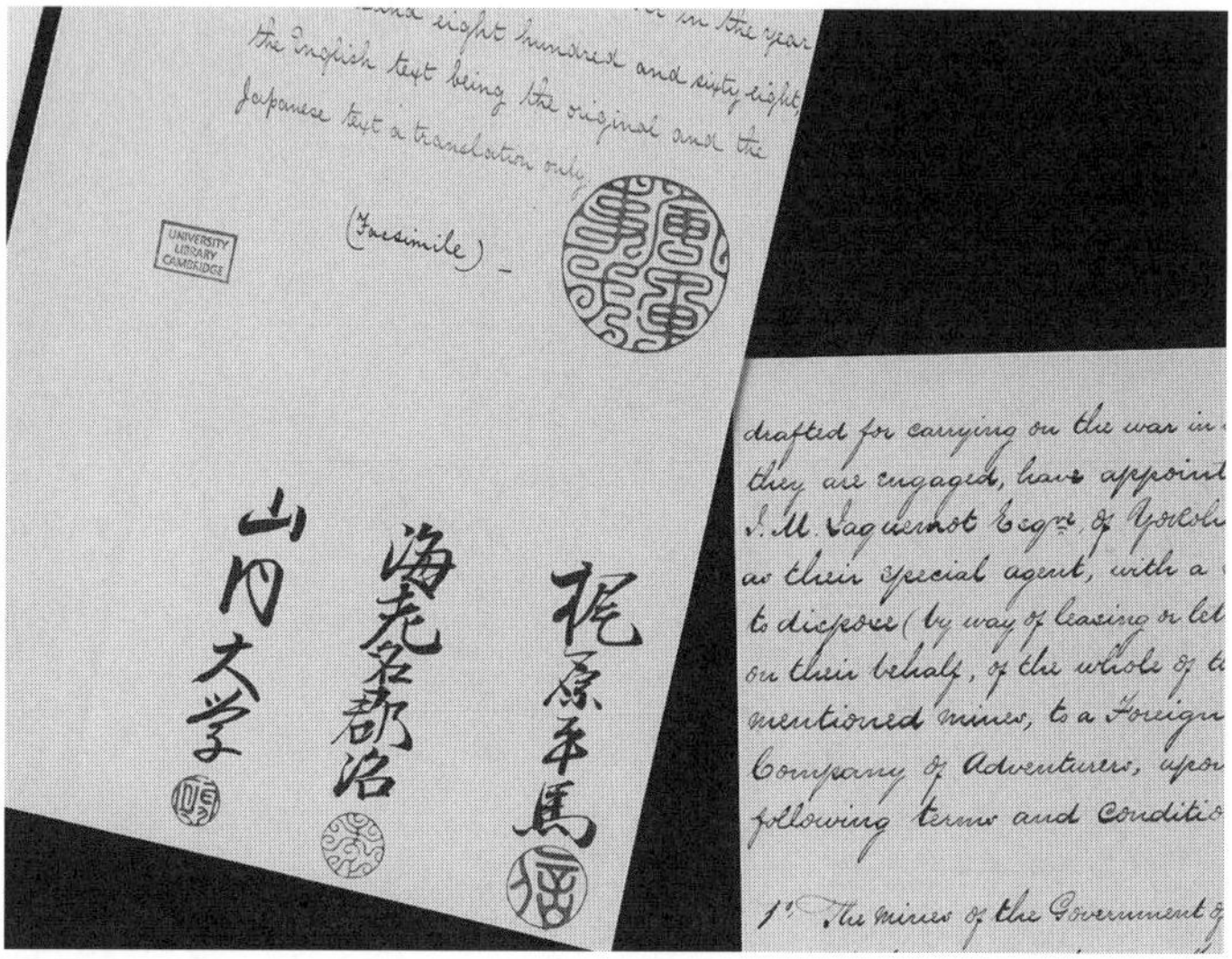

図７　会津藩とジャクモとの会津鉱山リース契約を伝える文書
（ケンブリッジ大学図書館より提供）

二十六日）

とか、

「普魯士《ぷろしあ》人二名会津へ来り、三兵伝習器械製造。且つ金銀山を開き候につき、若松城下盛んに相成り候由、……右普魯士人は本国脱走いたし候者の由相唱《あいとな》え候」（『中外新聞外編』巻之二十、慶応四年五月）

などと、噂ばなしとして報じられています。右の二つの記事は、いずれも西暦では一八六八年六月中頃にあたり、奥羽越列藩同盟がいよいよ成立し、白河あたりで会津藩が薩長方と激闘を繰り広げていた時期のことです。

ところが、横浜の居留商人ジャクモと会津の鉱山開発との関連について、近年興味深い史料が紹介されています（保谷徹「戊辰戦争期の会津藩による鉱山リース契約」）。イギリス・ケンブリッジ大学図書館に、ジャクモと会津鉱山との関係をはっきりと示す史料が残されていたのです。具体的には次の二つの文書です。

・会津領内の鉱山をリースする際の契約条項を書き上げた文書

・その鉱山リース契約についての全権をジャクモに与える、と記された文書

前者文書には、契約期間を二十一年とすること、鉱山及び付属施設の使用権を与えること、鉱山開発のために森林・河川水路等の用役権を与えること、などをはじめ、道路建設・人員資材運搬のための便宜供与やリース料の支払い方法、リース期間の満期や延長にかかる取扱などが記されています。対象とする鉱山は稼働中のもの、既知のもののほか今後発見されるものも含んでおり、このうち稼働中及び既知の鉱山、計三十六か所の名が一覧表として付されています。

こうした内容条件の鉱山リース契約を、後者文書によりジャクモとのあいだで交

わした、というわけです。その後者文書には、梶原平馬・海老名郡治・山内大学の三名の会津藩士の署名があり、西暦で一八六八年九月十五日に若松にて署名した、とあります（図7）。

ケンブリッジ大学図書館のこの文書に関しては、これを裏付ける、あるいは背景を明らかにする関連史料がほとんど見当たらず、しかも文書自体、西暦と和暦の日付が符合しないなどの疑問点があり、その解釈と解明はこれからといったところです。しかし、これら文書と、ウェーバー紀行文のなかの「父さん」の言動とは見事に重なります。

もっとも、たとえこの契約書のとおりジャクモが鉱山開発を請け負っていたとしても、この約束事が成就せずに終わったことは明らかです。契約からまもなく、会津は薩長方に降伏してしまったのですから。

それでは、ジャクモの会津への再訪は単なる感傷旅行だったのでしょうか。いや実は、両者によるリース契約に関して何らかの後始末をつける、という実務を兼ねた旅だったのではないでしょうか。ジャクモは、七一年、七五年の日本内地の養蚕地視察に際しては専門的な詳しい報告書を作成しているのに、この七〇年の旅のことは居留地内でもほとんど語っていないらしい、ということも大いに気になるところです。そもそも、薩長方に寄り添っていたイギリスの庇護下にあった彼が会津の鉱山開発を請け負った、ということ自体が腑に落ちません。イギリス領事トゥループもまた、調査旅行へのジャクモの同道のことは、報告書でもほかの公使館とのやりとりでも何も伝えていません。ちょっと奇妙です。

いずれにせよ、ジャクモによる旅の裏側には、養蚕地視察に加えて、かつての鉱山開発がらみ、という二つの強い動機があったらしい、ということが見えてきました。明治三年のこの五名の旅の隠れた中心人物は、実は横浜居留地の古株ジャクモであった、ということかもしれません。

最後にあらためてJ氏とG氏についてまとめておきましょう。

横浜居留のJ氏ことジャクモ、同じくG氏ことギューチョウ。この二人の商人は、知己のウェーバーを頼ってはるばる陸路新潟にやってきました。ジャクモに関して言えば、実際にはウェーバーよりもイギリス領事トゥループを頼りにしていたのかもしれません。

ウェーバーの紀行文によれば、新潟で五名が歓談するなかで誰かが会津・米沢への旅を発案しました。ジャクモとギューチョウにとって、新潟までと考えていた旅は、歓談の成りゆきで期せずして会津や米沢まで延伸することになりました。実に幸運でした。会津や米沢は、彼らが関心を抱く産物が豊富な地域ですが、もはや外国商人がそうたやすく足を踏み入れることは望めない土地だったからです。

いや、会津・米沢への旅は本当に「期せずして」実現したのでしょうか。そうではなく、ジャクモとギューチョウは、横浜を出立した時点ですでに会津・米沢行きを意図していたのではないでしょうか。横浜で二人が事前に得た旅行許可は新潟までのものであったかもしれませんが、二人の新潟滞在はごく短いあいだであったようです。想像されるジャクモの強い動機からは、旅の主眼は初めから新潟を越えた地域であった、と考えたほうが自然なようにも思えます。

ジャクモによる会津・米沢への旅は、まだまだ謎めいています。

考察五 ― その時スネルは

旅した五名についての考察は以上です。しかし、私としてはもうしばらくこの旅に関する考察を続けたいと思います。以降は番外編、ということにはなるでしょうが、私にはまだ少し引っ掛かるものがあり、それを解決しておきたいと思うのです。旅への理解を深めていく過程で、私には、この旅は本当に五名だけによるものだったのだろうか、という疑問が少しずつ湧いてきました。同じ頃、新潟にいた外国人で、この旅に参加していて不思議ではない別の人物がいたはずではないか、その人物が旅に加わっていた可能性はないのだろうか――。

前にも触れたスネル兄弟。兄はヘンリー、弟はエドワルト。二人は戊辰戦争で奥羽越列藩同盟を後押ししました。兄ヘンリーは一八六八年初めから、後に列藩同盟を組む地域に入り込み、会津に入ってからは「平松武兵衛」を名乗って同藩の軍事指導を行いました。北越戦線においては軍議や前線での戦いにも加わりました。弟エドワルトは同年六月に新潟に進出して西洋雑貨店を構えましたが、同時に武器弾薬も扱い、会津・米沢・庄内・長岡など各藩にそれらを供給して戦争を背後から支えました。これらのことは、すでに多くの本で紹介されているとおりです。

戦乱期を除いたその前後の動向が謎に包まれていたことから、これまで「怪商」などともいわれてきたスネルですが、近年の研究により彼らの出自の詳細が明らかになりました（福岡万里子「戊辰戦争に関与したシュネル兄弟の「国籍」問題―ヴィルト・カワラ氏収集オランダ所在史料から」）。それらは以下のようにまとめられます。

両親はともに純粋なドイツ人（と言っても、当時、ドイツは三十数か国に分かれていました。ドイツという統一国家が成立したのは一八七一年です）。父は中部ドイツの町カッセルに生まれました。二十歳でオランダの兵士となり、翌年にはオランダ領東インド（現在のインドネシア）に赴いて、その後もオランダ本国または同領東インドで生涯を過ごしました。母親もまたカッセルに生まれ、若くしてオランダ領東インドに渡りました。二人はその地で知り合って結婚しました。二人がもうけた少なくとも五名の子のうち、四番目の子がヘンリー、末っ子がエドワルトでした。

兄ヘンリーは一八四一年、両親がそのオランダ領東インドにいた時期にバタフィア（現在のジャカルタ）で生まれました。四三年、母親とヘンリーらが父親を残してドイツ・カッセルに戻ると、まもなく弟エドワルトが誕生しました。およそ七年後、母子らはオランダへ移住しました。ヘンリーはその後、アムステルダムでの修学を終え、オランダ・東インド政庁海軍に航海士として採用され、五七年、バタフィアに赴きました。おそらくは六三年、日本との修好通商条約の批准を目的としたプロイセン使節フォン・レーフェス一行とともに日本を訪れたと推測されます（すると来日時二十一歳）。その後、プロイセン領事館の書記官ないし通訳官を務め、六七年暮れにこの職を退いて東北へと赴きました。一方、エドワルトはオランダ政府の便宜を得て六〇年前後に来日したと考えられます（来日時十五歳か十六歳）。以降、オランダ人として居留民登録し、かつ駐日スイス総領事館の書記官を務め、六八年に新潟に来港しました。

このように、二人はドイツともオランダとも縁が深いのですが、明らかに両親はドイツ人です。したがって、二人をシュネル（Schnell）とドイツ語風に呼ぶのが望ましいことになりますが、ここでは一般に広く知られたヘンリーまたはエドワルト・スネルという通称で引き続き話を進めていきます。

ウェーバーは小説『商人服と領事帽』のなかで、「将軍シュヌル」なる人物を登場させています。小説の舞台は開港した後の新潟です。ウェーバー自身ともすでに知己であったこの三十代半ばの男は、戦争時には会津藩の軍隊を指揮したと説明され、それでいて新潟攻防戦の際に商品を略奪され、その後その損害賠償を計画していた、などと、ヘンリーとエドワルトの二人が一つのキャラクターに混乱と誇張を伴って仮託されています。しかし、私が五名の旅との関係で気になるのは、戦争終結後も一時期新潟にいたことが確実な弟エドワルトのほうです。エドワルトには、会津・米沢への旅に同行する明確な動機がありました。戦争中の取引の後始末です。

エドワルトは、新潟に薩長側の軍が押し寄せる直前の六八年九月五日（慶応四年七月十九日）に米沢藩とのあいだで十万両を超える大商談を成立させていました。

この時期、米沢藩は新潟の地で列藩同盟方を率いていました。横浜で調達できる武器弾薬を十日以内に納品し、支払いはそれから数か月後に受け取る、という契約条件でした。戦雲が迫る状況下、エドワルトにとっては大きな賭けを伴った商売でした。

まもなく、先の米沢藩との大商談によるものを含め、横浜から大量の武器弾薬が運ばれてきました。しかし、運悪くその到着は薩長方が新潟に攻撃を仕掛ける時と重なりました。九月十五日、エドワルトが武器弾薬のすべてを陸揚げする猶予もなく、戦闘が始まってしまいました。やがて戦況は薩長方に傾き、列藩同盟方は新潟から退却しました。エドワルトもまた、米沢藩が買い取るはずの武器や、彼の店にあった商品を置き去りにしたまま逃げざるを得ませんでした。

新潟陥落後、エドワルトは江戸に戻りました。その年の暮れ、明治新政府はエドワルトが敵方へ武器弾薬を売ったことを断罪しようとしましたが、オランダ領事館で行われた審理でこの訴えは退けられました。

さて、そのようないきさつで、エドワルトは商売上の大きな痛手を蒙ってしまいました。新潟の店の商品が官軍に分捕られたうえに、横浜から仕入れた武器弾薬の買い入れ代金が支払えなくなっていたからです。

したがって、エドワルトとしては米沢藩に対する債権は何としても回収したかったはずです。その彼が、七〇年初夏の五名の旅に同行して米沢に赴き未決済金の始末をつける、という願ってもないチャンスをはたしてみすみす逃すものだろうか――。これが先だって私が述べた、旅に関して少し引っ掛かる疑問なのです。

米沢藩との取引は、エドワルトとすれば武器弾薬とはいえ「通常」の商取引です。ドサクサに紛れて分捕られたのではなく、債務者ははっきりしています。そこで翌六九年八月、エドワルトは米沢藩へ支払いを催促する書簡を出しました。さらに同年十二月にも新潟から書簡で催促しました（「新潟居留和蘭国人「スネル」ヨリ会米両藩へ係ル銃器売渡代価並新潟戦争ノ際ノ官軍掠奪ニ係ル物品代価要償一件」）。そして、やがてこの本で扱った旅の七〇（明治三）年を迎えていました。

つまり、繰り返せばこういうことです。前年に書簡で発した米沢藩への催促には未だ返事がない。しかし内地である米沢にはもはやそう簡単に立ち入ることはできない。そうした折、イギリスやオランダの新潟領事が会津・米沢を旅することになり、すでに役所の許可は取り付けている、ということを小耳にはさんだ。居留商人も何人か同行するらしい。これはチャンス到来ではないか。自分も領事を隠れ蓑に使って米沢へ行けば、そこで直接米沢藩との談判に及び、いくらかの金額でも回収し、戦乱時に生じた商売の痛手を癒やすことができるかもしれない――。

エドワルトが新潟にいたのであれば、間違いなくそう考えたのではないでしょうか。彼が新潟で所在なく五名の旅立ちを指をくわえて見送った、などということがありうるのでしょうか。

このことを探るためのもっとも基本的なことは、それではエドワルトはこの頃本当に新潟にいたかどうか、ということです。

新潟が陥落したあと数年間のエドワルトの行方を知るための最も有用な史料は、やはり戦争時の取引の金銭がらみで、相馬藩がエドワルトと交渉を重ねた記録です。六九年八月、戦争が押し迫った段階で、相馬藩は米沢藩士の立ち合いのもとエドワルトから武器弾薬を買う約定を交わしました。その手付金約九千両もエドワルトへ支払いました。ところが、その後まもなく相馬藩は降伏してしまい、契約は不履行のままになってしまいました。戦後まもなく、相馬藩は手付金を返すようにエドワルトに求めました。相馬藩の返金要求は執拗に続きました(「新潟居留瑞西国人「スネル」ヨリ旧中村藩へ小銃売渡約定ノ手続取調一件」)。

そのほか、複数の史料を重ね合わせると、エドワルトの足取りをかなり明らかにすることができます(表7)。

さて、それでは未収金をめぐる米沢藩との折衝は、七〇年六月のこの旅の時点ではどのような状況だったのでしょうか。

米沢藩との話し合いは確かに動いていました。『上杉家御年譜』の明治三年五月二日条に次のように記されています。同藩の東京出張所が外務省に宛てたものです。

一昨年新潟騒擾の折柄、プロシャ国商人スネルより小銃弾薬を買い入れ右代金損料等を償うべき旨、同人より申越しがあった。早速取り調べをしたが、当

表7　新潟攻防戦後のエドワルト・スネルの足取り

	所在	出来事
	新潟／横浜東京	
一八六八年		9.11〜15 新潟攻防戦（薩長方による占領）
		9 相馬藩降伏
		10 米沢藩降伏
		相馬藩とスネルの交渉記録…⑧
		12.2 オランダ公使館での審理〔東京〕…①
		12 相馬藩との交渉〔横浜〕
一八六九年		1 相馬藩との交渉〔横浜〕
		3 相馬藩との交渉、スネルが返金を約束する〔場所不明〕
		5 スネルが相馬藩へ洋銀4千枚支払い〔場所不明〕
		6 スネル、横浜を発ち新潟へ
		8 スネル、英蒸気船オタゴで新潟から横浜へ（8.5 新潟発 - 8.12 横浜着）…②③ （8.7 スネル代理人から米沢藩へ催促の書簡〔新潟〕）…④
		11 相馬藩へ20両支払い〔新潟〕
		12 新潟町にスネル寄留、との記録あり…⑤
		12.20 スネル、米沢藩へ催促の書簡〔新潟〕…④
一八七〇年		2〜4 相馬藩と交渉〔新潟〕
		5 米沢藩と交渉〔新潟〕…⑥
		5 スネル 新潟を発ち横浜へ…⑦
		5 相馬藩士、新潟を発ち相馬へ ・以降、返金交渉が途絶
	?	**西洋人五名による新潟から会津・米沢への旅**
		1872.6 スネル、オランダ公使を通じて明治政府へ正式に損害賠償請求
		1873.6 示談成立

出来事欄の数字は月日。西暦年月日で統一して作表したため、日本側史料で年月までしか記載がないものは概ねの換算月とした。

①『大日本外交文書』
②新潟旧税関記録（『新潟開港百年史』）
③横浜居留地新聞「ジャパン・ウィークリー・メール」
④「スネル要償一件」
⑤新潟町外国人改め（『新潟開港百年史』）
⑥『上杉家御年譜』
⑦「新潟港米穀津留一件」
⑧「スネルより旧中村藩へ売渡約定一件」

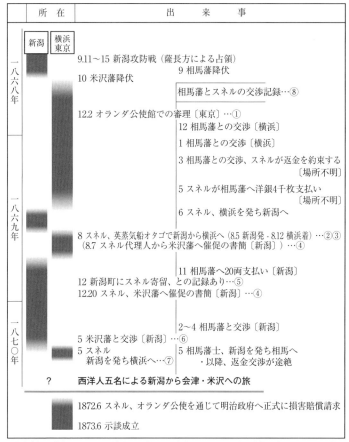

藩において銃器弾薬等受け取った者はいない。無実の代金を償うべき条理はないので、新潟港において断然談判に及んだ。この者が再度申し出ることはないはずだが、万一横浜港に出て右の事件を訴え出ることも計りがたい。この件につき深く御洞察くだされ、右の場合に立ち至った場合には何分然るべく御取り捌き願いたい。この段、米沢より申越しがあったので嘆願申し上げる。

庚午　五月二日

米沢藩公用人　　森三郎

外務省　御役所

この書簡が示すとおり、確かにエドワルトは米沢藩と武器弾薬の売渡代金について直談判を行っていました。しかしそれは、この書簡の日付である明治三年五月二日（一八七〇年五月三十一日）よりもしばらく前、つまり五名による旅よりも少し前の時点において、かつ米沢ではなく新潟で行われていたのでした。

我が藩は新潟でスネルへきっぱりと断ったのだから、万一当人が横浜へ出て直接新政府に訴え出ても、くれぐれも宜しくお取り計らい願いたい、つまり、色よい返事などしないでほしい、と米沢藩は外務省へ伝えていました。

そしてまた、米沢藩がこの書簡で予告したとおり、エドワルトは新潟での米沢藩との交渉後、確かに横浜へ向かっていました。このことは、今度は新潟県が外務省へ次のように伝えています（「新潟港米穀津留一件」）。

当港居留のプロシャ領事商人ライスネル儀より、同公使へ用向きがあり附属同国人スネル並びに支那人一人が同行し急速出府するので、護送の者等をお願いしたい、と書簡による申立てがあった。……御地到着のうえ何等申立てあれば然るべく御取り計らいくださるよう、かつ付添の者は用件が済んだ後は成丈《なるたけ》差し急ぎ帰港するよう申し渡してあるので、宜しくお願いしたい。

四月五日　新潟県庁

外務省御中

この書簡によれば、エドワルトはドイツの領事ライスナーとともに横浜に向かっていました。ここで新潟県が「〔ライスナーから〕御地到着のうえ何等申立てあれば然るべく御取り計らい下さるよう……」と外務省に要請しているのは、これまで何度も触れた新潟通商司の件です。現地新潟で騒動となっている、ということをライスナーは直接公使フォン・ブラントに会って伝えようとしました。その緊急用務にエドワルトは付き添いとして同行していた、ということなのです。スネルはあくまで付き添いなのだから、用件が終わったらすぐに新潟に戻る、という条件であり、新潟県はこのことも外務省に念押ししました。

しかし、その後のエドワルトの動向を、今のところ私は把握できていません。新潟県が申し渡したとおり、たとえば、ライスナーが七〇年六月上旬に新潟に戻る際、エドワルトはG氏ことギューチョウとともにライスナーの付き添いとして戻ってきたのでしょうか。それならば、ライスナーの新潟帰着と入れ替わるように会津・米沢へと旅立った五名に、エドワルトもまた加わるということもありえます。しかし、次にエドワルトの居場所が様々な史料のなかに浮上するのは、私の知るかぎり、七二年初め以降、エドワルトがあらためて明治政府への損害賠償請求に動く時期です。とすると、会津・米沢への旅に幻の六人目の同行者がいたかどうか、結局は闇のなかということになりそうです。

もっとも、こうした史料探索からは、どうやら、五名の旅立ちの時点でエドワルトが米沢へ赴く動機は失われていたのではないか、ということも判明してきました。それは、七〇年五月頃の新潟談判で米沢藩が支払いを拒否したのは、エドワルトへの最後通牒であったらしいからです。この時の談判の様子は先の『上杉家御年譜』の記録以上のことはわかりませんが、これ以降、エドワルトが米沢藩へ支払いの催促をした形跡はありません。この時点で、債権回収不能として一区切りつけたものと考えられます。

この推論は、同じ頃に並行していた相馬藩とのやりとりからも補強できる、と私は考えます。こちらのエドワルトは債務者ですが、両者の交渉は六九年の暮れ以来、横浜あるいは新潟で数回にわたって行われていました。その経過のなかでは、エドワルトは手付金の一部を返金していますので、彼は相馬藩に対して誠実に対応しようとしたと思われます。相馬藩の記録は、明治三年三月に新潟で掛け合った際には「スネル方にも、いよいよ困窮つかまつり返済できがたき趣…」とスネルの金銭事情を伝えています。そして、スネルが新潟を発って横浜に向かうというので、四月中（七〇年五月）、同藩の藩士もやむなく新潟を発って相馬へ戻った、とも記しています。史料では、ここで相馬藩とエドワルトとの交渉が終了します。すると、米沢藩の支払い拒否とちょうど同じ時期、すなわち七〇年五月に相馬藩はエドワルトからの取り立てを断念した、ということになります。

米沢藩の件と相馬藩の件とが同時に霧消したのは偶然の一致ではないでしょう。米沢藩から資金回収の見込みなし、となれば、エドワルトが我が藩への返金に応じる望みもまたなくなった、とみて相馬藩は取り立てを断念したのではないでしょうか。

その後、七二年になってエドワルトはあらためて戊辰戦争時の損害の賠償を明治政府に対して請求し、この件は新たな展開を見せます。エドワルトの要求額は、彼の帳簿等書類をもとに、訴えの途上で約十二万五千ドル（洋銀）と整理されました。その内訳は各々概数で利子を除き官軍分捕り分が五万八千ドル、米沢藩が四万六千ドル余、会津藩が二万ドル余でした。両者の交渉は紆余曲折を経ましたが、明治政府からの、四万ドルを弁償額としたい、という提示をエドワルトが飲み、翌七三（明治六）年六月に示談に至りました。こうした後年の展開には、一つには、廃藩置県によって米沢藩の債務を明治政府が引き継いだ、という理屈が生じたことがありました。また、この頃には新潟攻防戦の際に現地にいたほかの外国商人への損害賠償が進展していた、という周辺事情の変化もありました。

ということで、結局のところ、会津・米沢への旅にエドワルト・スネルが影のように同行していた可能性は、だいぶかすんでしまいました。

しかし、それでも私は、わずかな期待は抱いています。あのエドワルトのことですから、そう簡単には突き止められない工夫をして、追憶の地、会津と米沢をひそかに訪れていたのではないか、と。

まとめ——旅の意義

旅は、まさに針の穴に糸を通すようなタイミングで敢行されました。県知事の不在、新潟通商司問題の成りゆき、ドイツ領事ライスナーの直前の新潟帰着、そんな折のジャクモとギューチョウの新潟来訪……。これらが同時期に重なり合うことがなければ、五名の旅は実現しませんでした。

しかし、旅はこのタイミングで企てることが必要でした。それは一つには、蚕糸業の視察には、蚕が繭を作りやがて卵をかえすこの時期こそが好都合でした。トゥループはこのタイミングを逃すまいとして、通商司問題への対応との軽重を慎重に計り、公使館員アダムスの信州・上州への養蚕地視察と並行するように、自らは主に米沢への養蚕地視察へと旅立ちました。大胆なこの判断は、最終的に公使パークスに是認され、トゥループは高い評価を得ました。

ジャクモにとっても、旅のタイミングに関しては同じでしょう。蚕糸取引の専門家ジャクモが新潟を越えてどこまで到達できるとあらかじめ想定していたかは不明ですが、各産地の視察を目的としていたのであれば、好機はこの時期です。ジャクモもまた貴重な見聞を得ました。あるいは、トゥループとジャクモはあらかじめ示し合わせて会津・米沢への資源調査に臨んだ、という可能性も考えられます。
蚕糸よりも茶に関心を示しているウェーバーも同様です。少なくとも盛夏を過ぎてしまえば、茶栽培視察の意味は少ないでしょう。もっとも、旅の喜びを綴る彼の紀行文からは、トゥループやジャクモとは異なり、むしろ初夏のまばゆい景色に身をゆだねること自体が、彼にとっての旅への一番の期待であったようにも思われます。

新潟にいる領事や居留商人たちの見聞したかった目的地がほかならぬ会津と米沢であった、ということも、もう一度確認しておきたいと思います。新潟港での外国貿易が進展していないのは上流に位置する地域が疲弊しているからではないかと推察し、一度現地を検分して将来展望を見極めたい、と新潟県庁に言い残して彼らは旅立ったのでした。当時、これらの地方が新潟港といかに密接に結びついていたか、ということの証しでしょう。五名が旅した地域は、この港のもっとも重要な後背地として意識されていたのです。

さて、それではこうした現地検分の結果を、五名はどのように総括したのでしょうか。

確かに、戊辰戦争の傷跡はまだ生々しく、地域の疲弊が感じられたことは二つの旅行記録に様々に記されています。しかしどうでしょうか。鉱山資源や農産物、町や村の様子などを様々に観察した二つの旅行記録は、全体としては決して悲観的なトーンではありません。トゥループは、鉱山はじめこの地域の資源の豊かさに着目し、併せて地域開発を望む各地の為政者の積極性を確認しました。ウェーバーは旅した地方の美しさに心底魅入られた様子です。旅行記を書かなかった三名がどう感じたかはもとより何ともわかりかねますが、少なくともトゥループとウェーバーは、旅行を通じて越後・会津・米沢の将来展望を冷静に考察し、その結果としてむしろこれらの地域の豊かさと、こうした豊かな地域を後背地とする港に、あらためて大きな潜在力を感じて新潟に戻ってきた、と考えられます。

すると、さらに進めて、この旅が新潟港に何をもたらしたか、ということにも一つの推論を立てることができそうです。その推論とは、旅は新潟港への二人のよき理解者を生み出した、ということです。

イギリスは、正式開港後、商人こそ新潟に居留することはありませんでしたが、政府の公館（領事館、のち副領事館）を長らく新潟に設置し、断続的ではありましたが実際に外交官を派遣し続け、貿易を通じた自国利益の拡大を模索しました。領事の新潟駐在は七九（明治十二）年まで続きました。

一方のドイツは、新潟港からほとんどの外国商人が去った七一年以降も数名の商人が新潟で商業活動を営み続けました。そのドイツ商人の系譜は八五（明治十八）年まで続きます。ほかの開港場と比較すれば人数は圧倒的に少ないとはいえ、これらのドイツ商人は新潟でそれなりに充実した活動を行っていたと考えられます。こうしたイギリスやドイツの、新潟港周辺でこの時期に最も活躍していた人物が、まさにトゥループでありウェーバーでした。

トゥループは六九年夏に初めて新潟に赴任した早々から、新潟港のマーケットの広さや周辺地域の産物の豊かさに注目していました。そのトゥループは、この旅行であらためて自分の見立ての正しさを確認したことでしょう。トゥループは、この後、七六年に副領事として再度新潟に赴任した際にも、新潟に広大な副領事館を新築しようと企てたり、新潟港の発展策をあらためて提言したりしています（『開港場・新潟からの報告―イギリス外交官が伝えたこと―』）。これといった外国貿易がほとんど行われていない新潟に、当時の最強国イギリスは十年以上にわたってプレゼンスを維持し続けました。そこには、そもそも六七年に「日本西海岸の開港場」を新潟とすることで最終決断に至ったイギリス公使パークスの意向と、現地に派遣されて自分の目で見た新潟とその周辺地域に積極的な評価を与え続けたトゥループとの、二人による判断が大きな背景としてあった、と私は考えます。

一方のウェーバーは、正式開港後の新潟に最初に居留し始めた商人でした。この時点ですでに新潟港ではほかの商人から抜きん出ていたと思われますが、旅によって自らの優位をさらに確固としたに違いありません。紀行文でウェーバーは、道中多くの地元商人たちと出会い、「後日あらためて新潟で商談しよう」と促しています。ウェーバーにとってこの旅は、仕入れ先や販路の拡大という実際的なメリットもあったことでしょう。そうした人脈が取引先や顧客として、彼自身の、そして彼の後に続いたドイツ商人の財産として引き継がれていった、ということも十分にありうることでしょう。この旅は、以降十年以上にわたってドイツ商人が新潟港の外国貿易をほぼ独占状態とすることに寄与したのではないか、と私は考えます。

さらに私は、蛇足となることを恐れずに敢えて付け加えますが、トゥループとウェーバーがこの旅を通じて新潟港のよき理解者となったのは、旅で得た客観的な判断や実利ばかりではなく、彼らが初夏の越後と南東北の風景やそこに住む人々に深く印象づけられた、ということが大いに影響したのではないか、と考えます。

内陸水路を利用して結ばれる新潟と会津と米沢は、当時、戊辰戦争の生々しい記憶とも相まって、一つのまとまった地域として多くの西洋人の目に映っていたことでしょう。その会津と米沢は、実際に訪れてみると、あまりに輝いていました。砂っぽい新潟での港と貿易を巡る緊張が絶えない日常と違い、そこには、新鮮な草木と透きとおった湖や川が視界にあふれる世界がありました。奥深い静寂とその静寂をつく愛らしい鳥の音に全身が包まれる世界がありました。横溢する緑、どこまでも続く青。冬は雪深い越後と南東北の、生命の喜びがはじけるような初夏の輝きは、旅する西洋人たちの脳裏に深く焼きつけられたことでしょう。

明治初期の開港場としての新潟は短命に終わります。しかし、その生命がしばし長らえた要因の一つとして、トゥループやウェーバーが、明治三年のこの旅を通じて、地域一帯の自然の輝きとそこに生きる人々の姿に、ひとかたならぬ愛着の念を抱いた、ということを挙げてもよいのではないでしょうか。

あとがき

史料との様々な出会いが連なり、この不思議な明治三年の旅への私の関心は膨らんでいきました。

十年ほど前、イギリスの厖大な外交文書のうちの新潟に関するものを調べるなかで、トゥループによる旅の記録を知りました。その報告書自体の淡々とした記述よりも、彼が旅立った複雑な背景に興味を持ちました。やがて、ある文献を通じてウェーバーによる同じ旅の記録の存在を知りました。こちらは八年前のことになります。ハンブルクの図書館から取り寄せたその紀行文のなかでは、私が子どものころから現在までたくさんの思い出がつまっている土地で、さらにそのずっと昔に西洋人たちが珍道中を繰り広げていました。

百五十年も前の、しかも変革と激動の時代の出来事であったとしても、この旅について日本側にも有力な記録が残っているのではないか。そう考え、今度は新潟や会津、米沢、横浜などで関連の史料の発掘につとめました。しかしその結果は、本書でおわかりのとおり、いまも中途半端なままです。

こうして長いあいだ私が自分のテーマとしてきた旅のことについて、いよいよ正式に出版していただけることになりました。そのきっかけは、平成三十年十月に新潟市で開催された「会津と越後を語る会」で、この旅について発表したことでした。機会をつくっていただいた伊藤善允会長はじめ新潟郷土史研究会の皆様に感謝申し上げます。また、その後長岡までおいでいただいて私にお声がけくださった歴史春秋社の阿部隆一社長に感謝申し上げます。

なお、「会津と越後を語る会」はこの平成三十年の第三十二回をもって幕を閉じました。長く続いた「語る会」の運営にこれまで携わってきた方々、参加されてきた方々に、本書もまた「語る会」の成果の一つであると感じていただくことができれば、私としても嬉しく思います。

旅のことを調べながら、一度、彼らがたどった道を自分も実際に歩いてみたい、と思っていました。昨夏、簗田直幸さんのご案内でそれが実現しました。暑い日でしたが、トゥループやウェーバーの旅の一部を追体験でき、とても感激しました。

それと同時に、この旅を自分だけのテーマとして抱えていることに終止符を打つための、気持ちの整理にもなりました。「語る会」での発表以降、私事ながら人生の節目が重なったこともあり、やや遅れてしまいましたが、これまで行ってきた翻訳や史料探索に新たな調査や考察を加えて本書をまとめました。

　旅先の当時の風景と西洋人による旅の様子に思いをはせていただければ幸いです。

典拠史料・参考文献

【史料編】

英国外交資料集　British Documents on Foreign Affairs, East Asia, Vol.1, Japan and North East Asia 1860-1878, University Publications of America
アルトナ新聞　Altonaer Nachrichten　一八七〇年十一月～十二月（ハンブルク州立・大学図書館所蔵）

【考察編】

『稿本新潟県史　第十五巻　外務部』　新潟県編　国書刊行会　一九九二年
青柳正俊『開港場・新潟からの報告―イギリス外交官が伝えたこと―』　考古堂書店　二〇一一年
服部一馬「英公使館員アダムスの蚕糸業地域視察（一八六九年）」　横浜居留地研究会編『横浜居留地と異文化交流―十九世紀後半の国際都市を読む―』　山川出版社　一九九六年
ベーバー著／坂井洲二訳・編『横浜・長崎・新潟―ドイツ商人幕末をゆく！』　新潟日報事業社　一九九七年
青柳正俊『新潟居留ドイツ商人　ウェーバーの生涯』　考古堂書店　二〇一四年
「明治・大正期の福島県庁文書60　日誌」（福島県歴史資料館所蔵）

阿達義雄『会津藩士の越後流亡日誌』 鳥屋野出版 一九八四年
「外交公文 五四 外交事類全誌」（外交史料館所蔵）
ジャパン・ウィークリー・メール The Japan Weekly Mail（横浜開港資料館ほかで閲覧が可能）
西田泰民「開港直後の新潟の状況―オランダ国立公文書館資料より―」『新潟史学 第七十五号』
二〇一七年
『横浜市史 資料編二十』 横浜市 一九八二年
福岡万里子『プロイセン東アジア遠征と幕末外交』 東京大学出版会 二〇一三年
『青木往晴生涯記事』 青木大輔編 一九五八年（会津若松市立図書館所蔵）
『会津若松史（6） 明治の会津』 会津若松市 一九八一年
『在日外国人人名録（ディレクトリー）』（横浜開港資料館ほかで閲覧が可能）
ジョン・ブラック著／ねずまさし・小池晴子訳『ヤング・ジャパン』 平凡社 一八七〇年
井川克彦「ジャクモの日本蚕糸地方巡行（一八七五年）」『日本女子大学文学部紀要 第五十一号』
二〇〇三年
『日本初期新聞全集 十四』（『日々新聞』第三集） 北根豊編 ぺりかん社 一九八八年
『日本初期新聞全集 十五』（『中外新聞外編』巻之二十） 北根豊編 ぺりかん社 一九八八年
保谷徹「戊辰戦争期の会津藩による鉱山リース契約」 箱石大編『戊辰戦争の史料学』 勉誠出版
二〇一三年

福岡万里子「戊辰戦争に関与したシュネル兄弟の「国籍」問題―ヴィルト・カワラ氏収集オランダ所在史料から」 箱石大編『戊辰戦争の史料学』 勉誠出版 二〇一三年
「新潟居留和蘭国人「スネル」ヨリ会米両藩へ係ル銃器売渡代価並新潟戦争ノ際ノ官軍掠奪ニ係ル物品代価要償一件」（外交史料館所蔵）
「新潟居留瑞西国人「スネル」ヨリ旧中村藩へ小銃売渡約定ノ手続取調一件」（外交史料館所蔵）
『上杉家御年譜 二十 茂憲公（2）』米沢温故会 一九八四年
「新潟港米穀津留一件」（外交史料館所蔵）
高橋義夫『怪商スネル』 大正出版 一九八三年
田中正弘『幕末維新期の社会変革と群像』 吉川弘文館 二〇〇八年
田中正弘「武器商人スネルと戊辰戦争」 宇田川武弘編『鉄砲伝来の日本史 火縄銃からライフル銃まで』 吉川弘文館 二〇〇七年

イギリス外務省文書（イギリス国立公文書館所蔵）
General Correspondence, Japan(F.O.46)
Embassy and Consular Archives, Japan: Correspondence (F.O.262)
ドイツ外務省文書（ドイツ外務省政治文書館所蔵）
R 252881, Personal und Verwaltung, Niigata 1868-1886
サー・ハリー・パークス文書（ケンブリッジ大学図書館寄託）
MP Parkes 13/4,13/5

著者略歴

青柳　正俊（あおやぎ　まさとし）

国立歴史民俗博物館プロジェクト研究員。専門は幕末維新期の国際関係史。

1960（昭和35）年生まれ。東京外国語大学ドイツ語学科卒。新潟県（国際課、空港課など）、外務省（欧亜局東欧課、日本国ミュンヘン総領事館）に勤務。新潟県立歴史博物館副館長を経て現職。新潟日独協会理事。著書に『開港場・新潟からの報告―イギリス外交官が伝えたこと―』、『新潟居留ドイツ商人ウェーバーの生涯』。

明治三年 欧州視察団周遊記
～新潟から会津・米沢への旅～

2020年12月12日　初版発行

著　者　青 柳　正 俊

発行者　阿 部　隆 一

発行所　歴史春秋出版株式会社
〒965-0842　福島県会津若松市門田町中野大道東8-1
電話　0242-26-6567

印　刷　北日本印刷株式会社